Schnelles Geld an einem Wochenende.

SCHNELLES GELD AN EINEM WOCHENENDE

von: D.K. Hawkins
Serie "Schnelles Geld"
Version 1.1 ~November 2022
Veröffentlicht von D.K. Hawkins bei KDP
Copyright ©2022 by D.K. Hawkins. Alle Rechte vorbehalten.

Kein Teil dieser Veröffentlichung darf ohne vorherige schriftliche Genehmigung der Herausgeber in irgendeiner Form oder mit irgendwelchen Mitteln, einschließlich Fotokopien, Aufzeichnungen oder anderen elektronischen oder mechanischen Methoden oder mit Hilfe eines Informationsspeicher- oder -abrufsystems, vervielfältigt, verbreitet oder übertragen werden, mit Ausnahme von sehr kurzen Zitaten in kritischen Rezensionen und bestimmten anderen nichtkommerziellen Verwendungen, die nach dem Urheberrecht zulässig sind.

Alle Rechte vorbehalten, einschließlich des Rechts auf vollständige oder teilweise Vervielfältigung in jeder Form.

Alle Angaben in diesem Buch wurden sorgfältig recherchiert und auf ihre sachliche Richtigkeit überprüft. Der Autor und der Herausgeber übernehmen jedoch keine Garantie, weder ausdrücklich noch stillschweigend, dass die hierin enthaltenen Informationen für jede Person, jede Situation oder jeden Zweck geeignet sind, und übernehmen keine Verantwortung für Fehler oder Auslassungen.

Der Leser übernimmt das Risiko und die volle Verantwortung für alle Handlungen. Der Autor kann nicht für Verluste oder Schäden verantwortlich gemacht werden, die sich aus den in diesem Buch enthaltenen Informationen ergeben, seien es Folgeschäden, zufällige Schäden, besondere Schäden oder sonstige Schäden.

Alle Bilder sind frei verwendbar oder von Stockfoto-Websites erworben oder lizenzfrei für die kommerzielle Nutzung. Ich habe mich bei der Erstellung dieses Buches auf meine eigenen Beobachtungen sowie auf viele verschiedene Quellen gestützt, und ich habe mein Bestes getan, um Fakten zu überprüfen und Quellenangaben zu machen, wo sie angebracht sind. Sollte Material ohne entsprechende Erlaubnis verwendet worden sein, kontaktieren Sie mich bitte, damit das Versehen korrigiert werden kann.

Die in diesem Buch enthaltenen Informationen dienen nur zu Informationszwecken und sind nicht als Quelle für Ratschläge oder Kreditanalysen in Bezug auf das dargestellte Material gedacht. Die in diesem Buch enthaltenen Informationen und/oder Dokumente stellen keine Rechts- oder Finanzberatung dar und sollten niemals ohne vorherige Rücksprache mit einem Finanzfachmann verwendet werden, um festzustellen, was für Ihre individuellen Bedürfnisse am besten geeignet ist.

Der Herausgeber und der Autor geben keine Garantie oder andere Versprechen hinsichtlich der Ergebnisse, die durch die Verwendung des Inhalts dieses Buches erzielt werden können. Sie sollten niemals eine Anlageentscheidung treffen, ohne vorher Ihren eigenen Finanzberater zu konsultieren und Ihre eigenen Nachforschungen und Sorgfaltsprüfungen durchzuführen. Soweit gesetzlich zulässig, lehnen der Herausgeber und der Autor jegliche Haftung für den Fall ab, dass sich die in diesem Buch enthaltenen Informationen, Kommentare, Analysen, Meinungen, Ratschläge und/oder Empfehlungen als ungenau, unvollständig oder unzuverlässig erweisen oder zu Investitions- oder anderen Verlusten führen.

Der in diesem Buch enthaltene oder zur Verfügung gestellte Inhalt stellt keine Rechts- oder Anlageberatung dar, und es wird keine Beziehung zwischen Anwalt und Mandant begründet. Der Herausgeber und der Autor stellen dieses Buch und seinen Inhalt auf einer "wie besehen"-Basis zur Verfügung. Die Nutzung der Informationen in diesem Buch erfolgt auf eigene Gefahr.

INHALTSVERZEICHNIS.

Schnelles Geld an einem Wochenende. 1
INHALTSVERZEICHNIS. 4
EINFÜHRUNG. 7
KAPITEL 1: WARUM AM WOCHENENDE SCHNELLES GELD VERDIENEN? 10
KAPITEL 2: MÖGLICHKEITEN, AM WOCHENENDE SCHNELL GELD ZU VERDIENEN. 14

   1. Anderer Leute Sachen verkaufen. 14

   2. Artikel schreiben. 16

   3. Ein Blog erstellen. 23

   4. Hausverwalter. 32

   5. Hauswirtschaftliche Dienstleistungen. 41

   6. Malereidienstleistungen für Wohngebäude. 45

   7. Hundeausführdienste. 49

   8. Automatengeschäft. 54

   9. eBay & Craigslist. 59

   10. Tausch trifft Marketing. 61

   11. Babysitting. 72

   12. Abendbrot verkaufen. 74

   13. Bezahlte Umfrage. 75

   14. Verkaufen Sie Werbefläche in Ihrem Blog. 77

   15. Affiliate-Marketing. 78

   16. Online-Auktionshaus. 82

17. Freiberufliche Tätigkeit. 83

18. Erhalten Sie Bargeld für Ihre Elektronik. 84

19. Arbeit in der Autodetailverarbeitung. 85

20. Tortenbildhauerei. 86

21. Tierfotografie. 86

22. Maßgeschneiderte Dinge. 87

23. Nachhilfeunterricht. 88

24. Fahrzeug-Detailing. 90

25. Erhaltung von Gewerbeimmobilien. 91

26. Rettungsschwimmer. 91

27. Bühnenarbeiter für eine Band oder eine Theatergruppe. 92

28. Start eines Autowartungsgeschäfts. 93

29. An einer Flaschensammlung teilnehmen. 93

30. Einen Hofverkauf veranstalten. 93

31. Das Zeitungspapier. 94

32. Landschaftsgärtner auf Zeit. 94

33. Ein kleines Unternehmen gründen. 95

34. Nutzen Sie Ihr Know-How. 95

35. Private Ferienvermietung. 96

KAPITEL 5: DIE BELIEBTESTEN WOCHENENDJOBS VON STUDENTEN. 99

KAPITEL 6: 1.000 DOLLAR AN NUR EINEM WOCHENENDE VERDIENEN. 102

KAPITEL 7: SCHRITTE, UM SCHNELL EINEN WOCHENENDJOB ZU FINDEN. 109

KAPITEL 8: MEINE 50 BESTEN MÖGLICHKEITEN, AN EINEM WOCHENENDE 100 DOLLAR ONLINE ZU VERDIENEN. 114

SCHLUSSFOLGERUNG. 124

EINFÜHRUNG.

An diesem Wochenende gibt es viele Möglichkeiten, schnelles Geld zu verdienen, ohne etwas auszugeben. Gewiss, es gibt viele verschiedene kostenlose Alternativen, um Geld zu verdienen. Viele Menschen haben diese Methoden gemeistert und sind allmählich aus dem Rattenrennen ausgestiegen. Erlauben Sie mir, Ihnen einige einfache Techniken vorzustellen, um dem Rattenrennen zu entkommen.

Der schnellste Weg, um mit dem AdSense-Blogging zu beginnen, ist zum Beispiel die Beschaffung von nachgedruckten Artikeln. Nachgedruckte Artikel sind kostenlose Artikel, die auf einer Website als Inhalt veröffentlicht werden können. Melden Sie sich zunächst bei einem kostenlosen Blog an und veröffentlichen Sie dort Ihre nachgedruckten Artikel.

Veröffentlichen Sie dann mindestens 10 Beiträge und reichen Sie sie bei den führenden

Verzeichnissen ein, um Ihre Website zu bewerben - und voilà! Die Leute werden sich für Ihren Blog interessieren und zweifellos auf Ihre AdSense-Anzeigen klicken, und Sie werden dafür entschädigt, so dass Sie noch vor dem Wochenende etwas Geld haben! (Die Antwort auf die Frage, wie Sie mit diesen Blogs viel Geld verdienen können, lautet: Erstellen Sie mindestens fünf davon).

Wenn Sie mit dem Vertrieb von Artikeln in Artikelverzeichnissen beginnen, verdienen Sie vielleicht nicht sofort viel Geld. Dennoch baut dieser Prozess stetig auf und bringt enorme Mengen an Traffic, wenn Sie viele Artikel einreichen.

Es gibt verschiedene Möglichkeiten, Foren beizutreten und Inhalte zu verkaufen. Sie werden erstaunt sein, wie viele Leute Ihre Artikel kaufen wollen. Ich habe das gemacht, und die Leute lieben es, Foreninhalte zu kaufen. Wie viel können Sie allein durch das Verfassen und Verkaufen von Artikeln verdienen?

Wenn Sie es ernst meinen, können Sie einen Artikel in fünfzehn Minuten schreiben und für jeden Artikel 5 Dollar verlangen. Sie werden sehen, wie schnell sich das summiert und Sie bis zum Wochenende mindestens 100 Dollar verdienen werden. Hier sind einige der besten Vorschläge für das Basteln, aber hier ist die endgültige Lösung.

Wenn Sie derzeit glauben, dass Ihr Lohn ausreicht, dann irren Sie sich. Die Menschen konkurrieren darum, mehr Arbeit zu finden, um ihre finanzielle Situation zu verbessern und eine bessere Zukunft zu haben. Die Teilzeitbeschäftigung am Wochenende ist einer der häufigsten Nebenjobs.

Ihr einziger Zweck ist es, Ihr finanzielles Wohlergehen zu verbessern. Außerdem kommen die flexiblen Arbeitszeiten anderen zugute und beeinträchtigen nicht Ihre Hauptbeschäftigung. Wenn Sie sich für eine Wochenendbeschäftigung entscheiden, können die folgenden Erläuterungen hilfreich sein. Viel Spaß beim Lesen.

KAPITEL 1: WARUM AM WOCHENENDE SCHNELLES GELD VERDIENEN?

Erstens brauchen wir Möglichkeiten, die die moderne Wirtschaft täglich in Ihrer Nähe bietet! Für die meisten Familien, die von der Hand in den Mund leben, ist es ein Segen und immer noch sehr gut möglich, jedes Wochenende schnelles Geld zu verdienen. Ich spreche hier nicht von Multi-Level-Marketing, Produktentwicklung oder Kaltakquise.

Es ist schwierig, wenn man alles tut, um seine Rechnungen zu bezahlen, und eine kleine Einkommenserhöhung würde einem etwas Luft verschaffen. Als ich dies entdeckte, konnte ich mit dem übrigen Geld mein Auto und meine Kreditkarten abbezahlen. Das war mein Hauptanliegen, weil ich keine Lust hatte, mein ganzes Geld an die Gläubiger zu zahlen, aber wenn Sie einen Großbildfernseher wollen, nur zu.

Wenn ich eine einzige Methode zum schnellen Geldverdienen beschreibe, dann meine ich nicht das kostenlose Geld, das man ohne Anstrengung bekommen kann, denn das gibt es nicht. Wenn Ihnen ein wenig Laufarbeit nichts ausmacht, können Sie Ihr eigenes Unternehmen für weniger als 100 Dollar gründen und unter dem Radar arbeiten, während Sie ein zusätzliches Einkommen erzielen.

Unabhängig davon, ob die Wirtschaft gut oder schlecht läuft, verschieben sich die Prioritäten eines jeden, und das gilt auch für diejenigen, die ihre wertvollsten Besitztümer in kleinen Lagereinheiten aufbewahren. Einige dieser Einheiten werden schließlich aufgegeben, und die monatliche Miete wird nicht bezahlt. Das ist eine hervorragende Gelegenheit, auf eine solche Einheit zu bieten und ihren Inhalt zu erwerben.

Wenn Sie eine Auktion gewinnen und den Inhalt der kompakten Lagereinheit erkunden, ist das wie Weihnachten. Einige Produkte, wie die hochwertige Videokamera, die ich gewonnen habe, werden für Sie und Ihre Familie nützlich sein. Dann müssen Sie die Preise für die anderen Dinge einholen, und ich zeige Ihnen, wie Sie das ganz einfach online tun können.

Sie brauchen diese Produkte nicht zu verkaufen, sondern können einfach eine Anzeige aufgeben, die sich durch eine angemessene Sprache auszeichnet. Außerdem gibt es eine Website, die Ihre Waren in weniger als vierundzwanzig Stunden gegen Bargeld und ohne Kosten verkaufen kann.

Untersuchen Sie die Mini-Lagereinheiten in Ihrer Nachbarschaft und den angrenzenden Gemeinden, die Sie nutzen können, um schnelles Geld zu verdienen. Der Inhalt dieser Lagereinheiten muss umgelagert werden, bevor sie wieder vermietet werden können. Sie bieten ihnen eine Dienstleistung an, für die Sie großzügig entlohnt werden.

Mehr als neunzig Prozent derjenigen, die dies lesen, werden nichts tun. Diejenigen, die jetzt ein

Gebot abgeben, werden vielleicht dadurch abgeschreckt, dass sie beim ersten Mal keinen Zuschlag erhalten haben, und geben ihre Bemühungen auf.

Sie aber sind nicht wie sie; Sie brauchen das und sind hartnäckig; Sie wissen, dass Sie mit der Zeit neue Dinge lernen werden, wenn Sie mit denen sprechen, die bereits Erfahrung gesammelt und große Erfolge erzielt haben.

KAPITEL 2: MÖGLICHKEITEN, AM WOCHENENDE SCHNELL GELD ZU VERDIENEN.

1. Anderer Leute Sachen verkaufen.

Anderen zu helfen, Geld zu verdienen, ist ein lukratives Geschäft, und es gibt eine gute Möglichkeit, anderen eine schnelle und einfache Möglichkeit zu geben, Geld zu verdienen. Die meisten von uns haben mehr materielle Besitztümer angehäuft, als wir brauchen. Das ist eine einmalige Gelegenheit, ein Geschäft zu erwerben, das auch in wirtschaftlich schwierigen Zeiten florieren kann.

Und wie? Sie können an den Wochenenden Geld verdienen, indem Sie Ihre Dienste als Planer für Garagen- und Nachlassverkäufe anbieten und das Hab und Gut anderer Leute verkaufen. Wir wissen bereits, dass viele Menschen viele Gegenstände in ihren Garagen oder Häusern haben, die sie verkaufen könnten, und wir wissen auch, dass die Menschen versuchen, Geld zu sparen, so dass sie bei Discountern einkaufen werden. Was könnte ein besserer Einkaufsort sein als ein Garagen- oder Nachlassverkauf?

Sie bieten an, den Verkauf von Gegenständen von A bis Z zu organisieren, damit die Leute am Wochenende mit einer ordentlichen Summe Geld nach Hause gehen können. Sie werden für jeden Aspekt des Projekts verantwortlich sein. Sie stellen eine Liste der zu verkaufenden Produkte und des Verkaufspreises zusammen und lassen Ihren Kunden das Formular unterschreiben und geben ihm eine Kopie. Sie kümmern sich um die Werbung und Verkaufsförderung und sogar um den Verkauf der Produkte selbst.

Sie werden erstaunt sein, wie viel die Leute wirklich zu verkaufen haben und wie viel Wert in einer Garage auf sie wartet. Sie können auch Nachbarn darauf aufmerksam machen, dass Sie einen

Verkauf veranstalten, und sie fragen, ob sie sich an der Organisation beteiligen möchten.

Sie können sich beteiligen, indem sie eine Kiste mit Produkten vorbereiten, die Sie abholen können. Das könnte dazu führen, dass ein anderer Kunde den Verkauf wünscht, oder sie bekommen einfach einen Eindruck davon, was Sie für ihre Nachbarn tun. In jedem Fall helfen Sie denjenigen, die etwas mehr Geld brauchen, und gewinnen ein Unternehmen, das nur Ihr Talent zur Organisation und Werbung braucht.

2. Artikel schreiben.

Ist Ihnen bewusst, dass Sie mit dem Schreiben von Artikeln ein beträchtliches Einkommen erzielen können? Es wird als eine der zunehmend milliardenschweren Branchen im Internet angesehen. Was sind die Schlüssel, um ein erfolgreicher Artikelschreiber zu sein oder ein Heimunternehmen zu betreiben, das Artikelschreibdienste anbietet? Ich werde die sieben Gewohnheiten eines erfolgreichen Artikelschreibers beschreiben.

Proaktiv.

Wenn Sie ein Unternehmen gründen, werden Sie feststellen, dass Tausende von anderen das Gleiche tun, aber warum sind die einen erfolgreich und die anderen nicht? Erfolglose Artikelschreiber nehmen einen Auftrag passiv vorweg. Diese Eigenschaft unterscheidet gute Artikelschreiber von anderen.

Sie investieren keine Zeit in den Aufbau ihres Artikelgeschäfts. Man kann in vielerlei Hinsicht proaktiv sein, z. B. ein Videoprofil erstellen, Kurse zum Schreiben von Artikeln besuchen und sich mit anderen Autoren online oder offline vernetzen. All diese Maßnahmen führen zu mehr Aufträgen für das Schreiben von Artikeln und zu Vorschlägen, wie man ein besserer Autor wird.

Langfristige Perspektive.

Erfolgreiche Artikelschreiber haben ein langfristiges Ziel, das zu langfristigem Erfolg führt. Sie legen ihre Lebensziele so fest, dass sie arbeiten können, wann und wo sie wollen.

Mit diesem Lebensideal im Hinterkopf würden sie alles tun, um erfolgreich zu sein. Wie bei allen anderen Internet-Geschäften kann man auch mit dem Schreiben von Artikeln nicht schnell Geld verdienen. Es braucht Zeit, um Fachwissen, Ansehen und SEO zu entwickeln.

Pünktlich sein.

Wer hat die Zeit? Niemand ist richtig. Erfolgreiche Artikelschreiber wissen, wie wichtig Pünktlichkeit ist. Sie setzen sich tägliche, stündliche und sekundengenaue Ziele, an denen sie arbeiten.

So wird aus bescheidenen Anstrengungen mit der Zeit ein Erfolg. Wenn Sie Ihren Kunden pünktlich hochwertige Inhalte liefern, verbessert sich Ihr Ruf. Es wird zu einer kostenlosen Internetwerbung für Sie.

Immer siegreich.

Erfolgreiche Artikelschreiber suchen bei geschäftlichen Transaktionen nicht nach Win-Lose-

Situationen. Sie konzentrieren sich darauf, wie ihre Arbeit anderen helfen kann, Einnahmen zu erzielen. Sie teilen ihre Kontakte und Ressourcen mit anderen Artikelschreibern, um ein großes Netzwerk aufzubauen. So kann ein nachhaltiges Geschäft entstehen, indem sie ihr Wissen und ihre Fähigkeiten nutzen, um viele Interessenten zu gewinnen.

Positiv sein.

Das Prinzip des Gesetzes der Anziehung ist für Artikelschreiber und ihre Unternehmen wirksam. Positive Energie zieht positive Energie zu sich. Sie finden Wege zur Verbesserung, wenn sie von ihrer Arbeit überzeugt sind und die Verantwortung für das Ergebnis übernehmen. Deshalb bauen sie ihr Netzwerk schnell aus.

Bereit sein zu lernen.

Das Wissen entwickelt sich ständig weiter. Artikelschreiber können Nischen mit mehr Fachwissen wählen, müssen aber ihr Wissen, ihre Terminologie und ihre Ausdrücke ständig auffrischen.

Ganz gleich, wie ausgefeilt ihr Talent ist, ihre Texte werden die Leser nicht fesseln, wenn sie aufhören zu lernen. Wenn Sie wie ein Professor aus den 1980er Jahren schreiben, wird es unmöglich sein, Leser zu gewinnen.

Selbstverpflichtung.

Dies ist eine wesentliche Gewohnheit aller erfolgreichen Menschen. Streichen Sie "Ich werde es versuchen" aus Ihrem mentalen Wörterbuch. Wenn sie "versuchen" in "müssen" umwandeln, verpflichten sie sich. Dazu gehört auch, dass sie ihre Freizeit aufgeben, um endlose Seifenopern zu schauen, Facebook zu nutzen und am Wochenende Schaufenster zu kaufen. Wenn sie auf Hindernisse oder Ablehnung stoßen, erinnern sie sich sofort an ihre Vision und nehmen die Arbeit wieder auf.

Sie können es kaum erwarten, mit dem Schreiben anzufangen, also sollten Sie sich mit einem Spezialisten für das Verfassen von Artikeln in Verbindung setzen, der Ihnen als Mentor dienen kann. Der erste Schritt besteht darin, dass er Ihnen seine jahrelange Erfahrung und eine geheime Bibliothek zur Verfügung stellt. Klicken Sie hier für weitere Einzelheiten.

Artikelmarketing ist eine einfache Möglichkeit, Geld zu verdienen, wenn man es richtig macht. Es ist einfacher als viele andere Online-Geldverdienstmöglichkeiten. Zum Beispiel ist das Marketing mit Artikeln viel einfacher als die Suchmaschinenoptimierung, bei der Sie versuchen, die Seiten Ihrer Website für verschiedene Schlüsselwörter, die ein Benutzer in Google eingibt, zu platzieren.

Videos sind das Einzige, was ich mir vorstellen kann, das mit Artikeln vergleichbar ist, und Videomarketing ist praktisch dasselbe wie Artikelmarketing, nur dass man Videos verwendet. Dieses Marketing ist auch wesentlich nachsichtiger als Pay-per-Click-Marketing, bei dem Sie schnell viel Geld verlieren können. Es braucht auch viel weniger Zeit als Social Media Marketing.

Mit Artikelmarketing können Sie viel Geld verdienen! Es ist einfach. Sie müssen keine aufwendige Website oder Ähnliches erstellen. Um anzufangen, brauchen Sie nur einen Computer und etwas Zeit zum Sitzen. Ach ja, Sie müssen wissen, was Sie tun! In Anbetracht dessen sollten wir einige der Talente untersuchen, die Sie für den Erfolg in dieser Form des Marketings brauchen können.

Nun, was soll ich sagen? Sie müssen die Fähigkeit haben, zu schreiben. Aber Sie haben Glück. Wir sind hier nicht in der Schule, und Sie werden nicht benotet. Man wird Sie zwar durch den Kauf Ihrer Waren bewerten, aber es handelt sich nicht um ein traditionelles Benotungssystem.

Wenn Sie schreiben können, können Sie mit Artikelmarketing Geld verdienen, aber Sie müssen nicht unbedingt gut schreiben. Viel wichtiger ist die Tatsache, dass Sie einen sinnvollen Inhalt in Ihrem Text haben. Er muss nicht weltbewegend sein.

Sie müssen nicht jedes Mal die Einsteinsche Formel finden, wenn Sie schreiben, aber Sie müssen in der Lage sein, Wissen zu vermitteln, das andere brauchen und wollen. Das bedeutet, dass Sie wahrscheinlich Artikel über immer wieder beliebte Themen schreiben sollten, wie z. B. Gewichtsabnahme, Selbsthilfe und wie man mehr Geld verdient.

3. Ein Blog erstellen.

Wahrscheinlich haben Sie schon gehört, dass Bloggen lukrativ sein kann, und wahrscheinlich wurden Sie auch schon mit E-Mails überschwemmt, in denen angepriesen wurde, wie man allein durch Schreiben über Nacht Tausende von Euro verdienen kann. Wer könnte in diesen wirtschaftlich schwierigen Zeiten nicht jeden Monat zusätzliches Geld gebrauchen? Glücklicherweise erkennen Sie einen Betrug, wenn Sie einen sehen, und sind nicht in die Falle der Vermarkter getappt, die auf der Suche nach einem funktionierenden Programm ein Programm nach dem anderen kaufen.

Die wahre Tragödie ist, dass Sie mit dem Bloggen Geld verdienen können, und Tausende von

Menschen tun dies bereits. Sie werden nicht über Nacht reich, aber wenn Sie bereit sind, sich ein wenig anzustrengen, können Sie ein regelmäßiges Einkommen erzielen, um die Familie zu unterstützen. Wenn Sie die nötige Zeit und Mühe aufbringen, können Sie Millionen verdienen (allerdings nicht über Nacht). Mit einem Blog könnten Sie Ihren normalen Job ersetzen.

Aber um Geld zu verdienen, müssen Sie die Grundlagen der Blogging-Branche verstehen.

Eine Nische wählen.

Sie brauchen ein Thema, über das Sie schreiben können; die Wahl des richtigen Themas kann über Erfolg und Misserfolg entscheiden. Das ultimative Ziel ist es, Besucher auf Ihre Website zu locken, eine Beziehung zu ihnen aufzubauen und ihnen dann etwas zu verkaufen. Die Wahl einer Nische mit wenig Konkurrenz ist entscheidend, um dieses Ziel zu erreichen.

Wie können Sie dies erreichen?

Es gibt jedoch einige allgemeine Leitlinien, die Sie beachten sollten. Ein altes Sprichwort aus dem Direktmarketing besagt, dass ein Vermarkter (zu dem Sie werden) eine hungrige Menge ausfindig machen, feststellen muss, wonach sie hungrig ist, und sie dann füttern muss.

Ein weiteres Kriterium ist die Suche nach einer Zielgruppe, deren Bedarf sie mindestens einmal am Tag beschäftigt und in die sie eine emotionale Bindung haben. Eine Person mit Bluthochdruck zum Beispiel denkt vermutlich täglich daran, wenn sie ihre Medikamente einnimmt. Sie sind emotional involviert, da sie an dieser Krankheit sterben können. Sie sehnen sich verzweifelt nach einer Heilung oder zumindest nach einer Linderung der unerwünschten Wirkungen des Medikaments.

Diese Zielgruppe ist in Nischen, die sich mit Gesundheit, Beziehungen oder Wohlstand befassen, reichlich vorhanden.

Die Suche nach einer Zielgruppe ist einfach. Ein Publikum zu finden, das sich nach etwas sehnt, erfordert mehr Aufwand.

Eine Methode, um herauszufinden, wonach sich diese Zielgruppe sehnt, ist zu beobachten, was sie kauft. Dies kann online geschehen, indem man Amazon besucht und die meistverkauften Produkte in einer bestimmten Kategorie untersucht.

Oder Sie können die Zehntausende von Dollar nutzen, die andere für Marktforschung ausgegeben haben, um herauszufinden, was sie anbieten. Ein Besuch der Website von "Dummies"-Büchern zum Beispiel liefert Ihnen eine Liste der Titel, die sie verkaufen. Diese Titel würden nicht angeboten werden, wenn sie sich nicht verkaufen würden.

Sobald Sie sich für eine Nische entschieden haben, sollten Sie versuchen, diese so spezifisch wie möglich zu gestalten. Wenn Sie sich beispielsweise für den Handel mit Aktien entscheiden, können Sie Ihren Schwerpunkt auf den Daytrading von Futures verlagern.

Durch die Fokussierung auf den Handel mit Termingeschäften wird ein erheblicher Teil der Konkurrenz ausgeschaltet und eine Nischenklientel angesprochen. Darüber hinaus wird der Schlüsselbegriff "Daytrading Futures" monatlich etwa 9000 Mal gesucht.

Ein Produkt auswählen.

Nachdem Sie eine Nische ausgewählt haben, besteht der nächste Schritt darin, etwas zu verkaufen, und das ist der einfache Teil. Jeder Hersteller verkauft über Partnerunternehmen, einschließlich Wal-Mart, Macy's und Zehntausende andere.

Sie können bei Google nach Produkten suchen, die mit dem Daytrading in Verbindung stehen, indem Sie "day trading affiliate" eingeben. Wählen Sie drei oder vier aus und registrieren Sie sich. Sie werden etwas Müll erhalten, aber Sie werden auch einige Juwelen erwerben.

Dein Blog.

Es gibt viele kostenlose Blogging-Plattformen wie Blogspot.com, Weebley.com und 2.0-Netzwerke wie HubSpot, Squidoo und viele andere. Wenn Sie Ihr Blog jedoch zu Geld machen wollen, sollten Sie sich einen Domainnamen zulegen und es selbst hosten.

Es gibt zwei Hauptgründe für diese kleine Investition. In erster Linie ist es Ihre Website, und die Geschäftsbedingungen anderer sind für Sie nicht bindend. Sie können mit Ihrer Domäne machen, was Sie wollen, ohne eine Strafe befürchten zu müssen. Wenn sie feststellen, dass Ihre Spezialität Spamming ist, können sie Ihren Blog schließen, wenn er auf einer freien Domain gehostet wird.

Zweitens ist der Domänenname selbst entscheidend für eine effektive Suchmaschinenoptimierung. Am Beispiel des Daytradings könnten Sie versuchen, daytradingfutures.com,.org oder.net zu erwerben.

Inhalt ist König.

Selbst wenn Sie die heißeste Nische und das beliebteste Produkt haben, werden Sie scheitern, wenn Ihr Inhalt keinen Wert hat. Veröffentlichen Sie keine sinnlosen Inhalte, nur um etwas zu veröffentlichen. Der Text muss grammatikalisch einwandfrei sein und den Leser entweder belehren oder amüsieren. Wenn Ihnen das Schreiben schwer fällt, sollten Sie es in Auftrag geben. Verschiedene Websites für freiberufliches Schreiben bieten qualifizierte Autoren zu vernünftigen Preisen an.

Schritte unternehmen.

Sobald die Website in Betrieb ist, müssen Sie weiterhin gute Inhalte bereitstellen; dies ist einer der Vorteile der kostenlosen Blogging-Plattform WordPress für Ihren Blog. Wenn Sie ein Wochenende damit verbringen, 15 oder 20 Blogbeiträge zu schreiben, können Sie diese in WordPress laden und ihre Veröffentlichung für einen bestimmten Zeitraum planen. Dadurch entsteht das Gefühl eines "natürlichen" Wachstums, das Google liebt, und Sie haben eine fast dreiwöchige Pause vom Schreiben.

Sie werden vielleicht etwas bestürzt feststellen, dass es nicht immer so einfach ist, wie die Leute es darstellen; viele Leute, die Ihnen sagen, dass es so ist, versuchen einfach, Ihr Geld zu nehmen. Es gibt einfache und schwierige Ansätze, um eine Aufgabe wie alles andere zu erledigen.

Wenn man die Dinge auf die schwierige Art und Weise tut, kann das zu Frustration und schließlich zur Aufgabe eines Vorhabens führen.

Einer der Gründe, warum es so einfach ist, mit Blog-Websites Geld zu verdienen, liegt darin, dass sie es jedem ermöglichen, schnell Inhalte ins Internet zu stellen. Das gilt sowohl für diejenigen, die schon länger online arbeiten, als auch für Technikmuffel.

Die meiste aktuelle Blog-Software ist kostenlos und verdammt einfach zu installieren und zu verwalten. Wenn Sie die grundlegenden Anweisungen befolgen, können Sie fast sofort damit beginnen, mit Blog-Websites Geld zu verdienen, auch wenn es eine leichte Lernkurve gibt, die mit dieser Art der Arbeit im Internet verbunden ist.

Zunächst müssen Sie Ihr Blog einrichten. Dafür gibt es mehrere Möglichkeiten: Entweder Sie erstellen eine kostenlose Blog-Website oder Sie kaufen eine Domain und ein Hosting, um professioneller zu arbeiten. Wenn Ihr Ziel darin besteht, ein paar Dollar zu verdienen, können Sie auf Websites wie blogger.com möglicherweise ohne Geld zu zahlen einsteigen.

Wenn Sie jedoch ein Unternehmen gründen und mit Blog-Websites ein langfristiges Einkommen erzielen wollen, sollten Sie sich ein professionelleres Erscheinungsbild zulegen.

Obwohl die Gründung eines solchen Unternehmens viel Arbeit bedeutet, muss sie nicht allzu kompliziert sein. Es gibt viele hervorragende Handbücher, die Sie durch die einzelnen Phasen des Verfahrens führen. Wenn Sie diese Schritte sorgfältig befolgen, können Sie innerhalb von ein oder zwei Wochenenden alles einrichten und damit beginnen, mit Blog-Websites Geld zu verdienen.

Die meisten erfolgreichen Blogs beginnen als Wochenendhobbys, die sich später zu einem Geschäft entwickeln. Ein Beispiel für einen Food-Blog ist KampungboyCitygal.com, der über die asiatische Küche berichtet. Die New York Times hat über ihren Blog berichtet und kürzlich einen Abschnitt über ihre Reisen hinzugefügt.

Wenn Sie gut schreiben können und über genügend Inhalte für drei bis sechs Monate verfügen, können Sie eine nachhaltige Menge an Blog-Traffic und Interesse erzeugen. Sobald Sie ein gewisses Maß an Besucherzahlen erreicht haben, können Sie Ihren Blog ausbauen, indem Sie Gastblogger suchen oder Artikel anderer Blogger rezensieren.

Erfolgreiche Blogger können Geld verdienen, indem sie auf ihren Websites Werbung schalten oder Produktrezensionen veröffentlichen, die für ihre Leser nützlich sein könnten. Außerdem können ihre Blogs ein großes Publikum anziehen, was zu einem lukrativen Buchvertrag mit einem bekannten Verlag führen kann.

4. Hausverwalter.

Viele Menschen ändern ihr Leben radikal, um sich hauptberuflich um Anwesen, Bauernhöfe, Ranches oder sogar Naturschutzgebiete zu kümmern. Der Beruf des Pflegers existiert schon seit Jahrtausenden und ist nicht neu.

In der heutigen Zeit haben wir jedoch die Möglichkeit, mit dem Flugzeug zu reisen und über das Internet und Zeitungen zu kommunizieren. Diese beiden Möglichkeiten haben die Pflege als Chance für jedermann in den Vordergrund gerückt.

Es gibt viele Situationen, in denen die Dienste eines Hausmeisters erforderlich sind, die häufigste ist der Erwerb eines zweiten oder sogar dritten Wohnsitzes aufgrund eines Arbeitsplatzes. Eltern lassen ihre Kinder nicht mehr bei einem Kindermädchen oder einem Verwandten, wenn sie verreisen, sondern bringen sie mit.

Dies hat viele Menschen dazu veranlasst, eine Zweitwohnung zu erwerben. Diese Personen sind nicht bereit, ihre Zweitwohnung zu vermieten. Sie wünschen sich die Möglichkeit, jederzeit zurückkehren zu können.

Andere kaufen Zweitwohnungen in beliebten Urlaubszielen. Diese Personen sind nicht an einer einfachen Immobilieninvestition interessiert. Diese Ferienimmobilie wird gekauft, um eine offene Einladung an Familie und Freunde auszusprechen, die jederzeit zu Besuch kommen können.

Die Menschen leben länger als früher, das ist bekannt. Der Eigentümer eines Bauernhofs, einer Ranch oder eines Gasthofs kann einen jüngeren Mitarbeiter einstellen, der ihm bei der Verwaltung der Immobilie hilft. Die erwachsenen Kinder sind vielleicht berufstätig oder wollen sich nicht mehr so aktiv an der Führung des Familienbetriebs beteiligen.

Es ist bekannt, dass die Versicherungsprämien für Zweitwohnungen höher sind als die für den Erstwohnsitz. Dieser Anstieg ist darauf zurückzuführen, dass die Versicherungsunternehmen wissen, dass Zweitwohnungen in der Regel unbewohnt sind. Die Wahrscheinlichkeit eines Einbruchs, einer Überschwemmung oder eines Brandes ist in diesen Wohnungen größer. Diese Gruppen entdecken, dass die Beschäftigung eines Hausmeisters ihren verschiedenen Anforderungen gerecht wird.

Die Beschäftigung eines Hausmeisters kann die Versicherungsprämien je nach Versicherungsgesellschaft geringfügig senken.

Diejenigen, die einen Hausmeister beschäftigen, stellen außerdem fest, dass sie dadurch langfristig Geld sparen. Jemanden vor Ort zu haben, der routinemäßige Wartungsarbeiten durchführt, mögliche Probleme feststellt und anfallende Reparaturen ausführt, ist wesentlich kostengünstiger als die Einstellung externer Hilfe für ein größeres Vorhaben.

Außerdem sind ihre Häuser und Besitztümer vor potenziellen Einbrüchen, Landstreichern und herumlungernden Jugendlichen geschützt.

Hausmeister können kurz- oder langfristig angeworben werden.

Einzelpersonen oder Familien, die Hausmeisterdienste anbieten, suchen nach einer Abwechslung. In der Regel handelt es sich um Stadtbewohner, die für sich und ihre Familien eine andere Atmosphäre und Lebensweise suchen.

Manche Menschen würden nie mit Tieren oder in einem Naturschutzgebiet arbeiten. Andere können vielleicht nicht in abgelegene oder ländliche Gebiete ziehen. Der Beruf des Tierpflegers bietet ihnen die Möglichkeit dazu.

In der Regel handelt es sich bei den Pflegern um Ruheständler. Der Drang, sich nützlich zu machen, der Wunsch nach einem zweiten Beruf und die Möglichkeit, sich in einer neuen Umgebung zu verlieren, ziehen Rentner in die Pflege. Ihre früheren Lebenserfahrungen werden ihnen bei ihrem Einstieg in die Pflegetätigkeit von großem Nutzen sein.

Eine Anstellung als Hausmeister ist jedem garantiert, der sich mit Landmanagement, Gartenarbeit, Instandhaltung und Tierpflege auskennt. Die Tätigkeit als Hausmeister in einer Herberge oder einem Gasthaus könnte eine Alternative für jemanden sein, der Erfahrung in den Bereichen Delegation, Management und Kundenbetreuung hat.

In den letzten Jahren wäre es für Rentner unmöglich gewesen, ihre Ziele zu verfolgen und in eine Region ihrer Wahl zu ziehen. Dies ist jedoch nicht mehr der Fall. Diejenigen, die schon immer ihr Land bewirtschaften, mit Tieren arbeiten oder an einem exotischen Strand wohnen wollten, können diese Ziele durch die Hausmeistertätigkeit erreichen.

Auch junge Familien finden Beschäftigungsmöglichkeiten als Betreuer. Viele Großgrundbesitzer, Viehzüchter und Naturschutzgebiete stellen Eltern von Kleinkindern ein, die bei der Instandhaltung des Geländes helfen. Eltern entscheiden sich für einen Umzug, um ihren Kindern andere Teile der Welt und neue

Lebensweisen beizubringen oder sie aus der Stadt heraus und näher an die Natur zu bringen.

Ein wesentlicher Aspekt für das Verständnis der Pflege ist, dass sie eine Freizeitbeschäftigung ist. Es ist nicht wie in der Geschäftswelt, und man muss nicht befürchten, unter der Aufsicht eines diktatorischen Arbeitgebers zu leben.

Die meisten Besitzer sind gar nicht da, und diejenigen, die den Wert der Einsamkeit und einer ruhigen Umgebung zu schätzen wissen, schon. Die Umgebung erlaubt es den Betreuern, in ihrem eigenen Tempo zu reisen und alle Vorzüge zu genießen.

Die wichtigste Vergünstigung für die Hausmeister ist die kostenlose Miete. So können Rentner sparen, die Ausbildung ihrer Kinder finanzieren oder andere Haushaltsausgaben bestreiten. Die kostenlose Miete hilft auch jungen Familien, die auf ein Eigenheim sparen. In diesem entspannten Umfeld müssen die Betreuerinnen und Betreuer ein hohes Maß an Selbständigkeit und

Eigenmotivation mitbringen und in der Lage sein, selbstständig zu arbeiten.

Je nach Anstellung werden ein kleines Gehalt oder eine Vergütung sowie eine Krankenversicherung gezahlt. Die Kosten für den Umzug trägt in der Regel der Betreuer, gelegentlich kann aber auch der Eigentümer für diese Kosten aufkommen.

Die Aufgaben einer Betreuungsperson sind je nach Standort unterschiedlich.

Die obersten Prioritäten aller Betreuer sind jedoch Integrität und eine Leidenschaft für die Umwelt. Die Arbeit auf einem Pferdehof, einer Ranch oder in einem Naturschutzgebiet erfordert eine Leidenschaft für Tiere.

Hausmeister in Herbergen oder Gasthöfen müssen eine Leidenschaft für Menschen und Kundenservice haben. Je nach den Interessen und Kompetenzen des Hausmeisters kann in der Regel ein geeigneter Eigentümer gefunden werden.

Die meisten Eigentümer sind bereit, eine Person auszubilden, zu der sie eine Beziehung haben, die sie als vertrauenswürdig ansehen und die über Potenzial verfügt. Eigentümer stellen lieber jemanden ein, den sie für vertrauenswürdig halten, als jemanden mit einer Reihe von Referenzen, bei dem sie vermuten, dass er ein Betrüger ist. Es ist auch wichtig, daran zu denken, dass Personen, die sich selbst nicht als erfahren in bestimmten Bereichen betrachten, eine Karriere als Pflegekraft machen können.

Die Pflege ist eine hervorragende Möglichkeit für Rentner, ihre goldenen Jahre zu verbringen. Der gemächliche, entspannende Rhythmus, die natürliche Umgebung und die freie Unterkunft bieten eine lebensverändernde Erfahrung, die mit nichts vergleichbar ist, was sie je erlebt haben. Die Hausmeistertätigkeit eignet sich auch für die Eröffnung einer Ranch, eines Gasthauses oder einer Fischerei.

Es bietet den Schülern die Möglichkeit, zu lernen und gleichzeitig Geld zu sparen. Familien profitieren von der ländlichen Umgebung und der Möglichkeit, den Kindern eine Leidenschaft für Land und Tiere zu vermitteln. Das gesparte Geld für die Unterkunft kann in ein zukünftiges Haus oder in die Ausbildung der Kinder investiert werden.

Von der Hausmeistertätigkeit profitieren sowohl der Eigentümer als auch der Hausmeister. Aus Berichten geht hervor, dass weltweit ein steigender Bedarf an Hausmeistern besteht. Es ist möglich, eine gute Verbindung zwischen dem Eigentümer und dem Hausmeister herzustellen. Das Internet und Zeitungen können genutzt werden, um Eigentümer und Betreuer ausfindig zu machen.

Wenn Sie nachweisen können, dass Sie ein zuverlässiger Haussitter sind, ist dies eine gute Möglichkeit, Geld zu verdienen und Miete zu sparen. Diese Möglichkeit bietet sich vor allem im Sommer an, wenn Menschen für längere Zeit verreisen und jemanden brauchen, der sich um ihr Haus oder ihre Haustiere kümmert.

Ein Freund von mir macht dies als Sommerjob während des Studiums. Er verdiente nicht nur Geld mit der Hausbetreuung während des Sommers, sondern sparte auch Geld für die Miete seiner College-Unterkunft.

5. Hauswirtschaftliche Dienstleistungen.

Heutzutage sind hauswirtschaftliche Dienstleistungen äußerst beliebt. Da die Menschen immer mehr zu tun haben, brauchen sie Personen, die sich um ihre Häuser kümmern können; daher ist die professionelle Hausreinigung eine fantastische Methode, um in der heutigen Zeit Geld zu verdienen. Das Beste daran ist, dass Sie nur minimale finanzielle Investitionen benötigen; alles, was Sie brauchen, sind hauswirtschaftliche Fähigkeiten und eine Menge harter Arbeit.

Bevor Sie anfangen, sollten Sie sicherstellen, dass Sie über die notwendige Ausrüstung verfügen. Zunächst benötigen Sie Reinigungsmittel. Entscheiden Sie sich für seriöse, effiziente Marken, die die Aufgabe mit wenig Aufwand erledigen können.

Als Nächstes sollten Sie alle erforderlichen Reinigungsmittel zusammenstellen. Manche Kunden bringen ihre eigenen Reinigungsmittel mit, andere möchten, dass Sie das tun. In jedem Fall ist es ratsam, für alle Fälle gerüstet zu sein. Stellen Sie außerdem sicher, dass Sie Zugang zu Transportmitteln haben.

Sobald Sie bereit sind, Ihr professionelles Reinigungsunternehmen zu gründen, können Sie mit der Vermarktung Ihrer Dienstleistungen beginnen. Eine der besten Möglichkeiten, damit zu beginnen, ist die Nutzung Ihres Netzwerks. Fragen Sie Ihre Bekannten, ob sie an Ihren Dienstleistungen interessiert sind. Sie können ihnen günstigere Preise anbieten und sie bitten, Sie an ihre Bekannten weiterzuempfehlen. Schließlich ist die Mundpropaganda ein hervorragendes Marketinginstrument.

Um Ihr Publikum zu erweitern, benötigen Sie einen Internetzugang und einen Computer. Die Online-Vermarktung Ihrer professionellen Reinigungsdienste ist eine fantastische Strategie, um

Kunden direkt anzusprechen und es potenziellen Kunden leicht zu machen, mit Ihnen Kontakt aufzunehmen. Das Internet ist voll von Anfragen, die Sie erfüllen können, so dass Sie keine zusätzliche Marketingarbeit leisten müssen, nachdem Sie die Nachricht verbreitet haben.

Der Nachteil der Internetwerbung besteht darin, dass Sie möglicherweise Kunden in entlegenen Regionen erhalten, zu denen Sie nicht bereit sind, zu fahren. Wenn Sie also Ihr Geschäft zumindest vorerst lokal halten wollen, können Sie auf konventionellere Marketingstrategien wie den Druck von Flugblättern und Visitenkarten zurückgreifen. Wenn Sie bereit sind, ein wenig Geld auszugeben, können Sie in der örtlichen Zeitung inserieren.

Wenn sich Ihr Kundenkreis vergrößert, können Sie in Erwägung ziehen, einen Partner in Ihr professionelles Reinigungsunternehmen aufzunehmen. Ein Partner wird den Reinigungsprozess beschleunigen und es Ihnen ermöglichen, zusätzliche Kunden einzuplanen. Ein Partner erhöht auch Ihre Sicherheit.

Wenn Sie eine gewisse Zeit in der Wohnung eines Fremden verbringen, besteht immer die Möglichkeit, dass es zu gefährlichen Situationen kommt. Sie sollten immer ein Mobiltelefon dabei haben, falls Sie niemanden finden, der Ihnen hilft.

Reinigungsdienste sind ein hervorragendes Wochenendgeschäft, mit dem man beginnen kann. Die meisten Menschen, die die ganze Woche über arbeiten, hassen es, ihre Wohnung zu putzen und zu packen. Hier können Sie sich mit kleinen Aufgaben wie Wäschewaschen und Grundreinigung etwas dazuverdienen. Sie können stundenweise abrechnen oder wöchentliche Reinigungsdienste in Paketen anbieten.

Zum Beispiel können Sie $xx pro Stunde für die Hausreinigung berechnen. Sie können im Voraus bezahlt werden, wenn sich der Kunde zu vier monatlichen Reinigungsdiensten verpflichtet. Darüber hinaus können Sie eine Vermittlungsgebühr für grundlegende Wartungsdienste erhalten, wenn das

Haus, das Sie reinigen, auch Dienstleistungen wie Teppichreinigung oder Klempnerarbeiten benötigt.

6. Malereidienstleistungen für Wohngebäude.

Einer der Vorteile eines Malerbetriebs ist die Flexibilität, die er bieten kann. Es ist möglich, nur drei bis vier Tage pro Woche zu arbeiten und angesichts des hohen Ertragspotenzials zwischen 50.000 und 600.000 Dollar pro Jahr zu verdienen.

Das Streichen von Häusern ist eine der wenigen rezessionssicheren Tätigkeiten, die für viele Menschen finanzielle Sicherheit in greifbare Nähe rücken kann. Es gibt keine formalen Ausbildungsanforderungen, und für den Erfolg sind nur grundlegende Maler- und Geschäftsfähigkeiten erforderlich. (Das meiste davon kann man mit dem richtigen Heimstudienkurs zum Aufbau eines Malerbetriebs lernen).

In der Regel benötigt ein Heimmaler relativ wenig körperliche Arbeit, die von Männern, Frauen und Personen jeden Alters ausgeführt werden kann. Die Malerei kann als Vollzeit- oder Teilzeitbeschäftigung ausgeübt werden.

Neben der Möglichkeit, schnell ein professionelles Einkommen zu erzielen, bietet der Besitz eines Malergeschäfts die Befriedigung und den Stolz, die mit der Selbstständigkeit und Unabhängigkeit einhergehen. Ganz zu schweigen von der unmittelbaren Freude, die Sie jedes Mal empfinden, wenn Sie eine Arbeit abschließen, einen weiteren zufriedenen Kunden in Ihre Liste aufnehmen und einen saftigen Scheck auf Ihr stetig wachsendes Bankkonto einzahlen. Das ist eine angenehme Aufgabe!

Nehmen Sie sich etwas Zeit, um sich aus vertrauenswürdigen Quellen über die Werbung für Ihren Malerbetrieb und die Ausschreibung und Kalkulation von Malerprojekten zu informieren, also über das, was ich die "geschäftliche Seite" des Malerbetriebs nenne.

Neue Inhaber von Malerbetrieben fragen mich regelmäßig: "Welche Arten von Aufträgen sollte ich annehmen?" Dies ist eine marketingbezogene Frage. Meine Antwort ist immer die gleiche. Beginnen Sie mit der Suche nach Maleraufträgen für Ihr Haus. Sie sind reichlich vorhanden und die einfachsten Malerarbeiten, die enorme Gewinnspannen und geringe Gemeinkosten bieten.

Der Markt für Malerarbeiten in Privathaushalten ist unersättlich; es gibt genügend Arbeit in diesem Bereich der Malerbranche, um die Maler ein Leben lang zu beschäftigen und Gewinne zu erzielen.

Ein weiterer erstaunlicher Vorteil, der die Gründung eines Malerbetriebs attraktiv macht, ist die Tatsache, dass Sie keine großen Anfangsinvestitionen benötigen. Einer der am weitesten verbreiteten Mythen über den Aufbau eines lukrativen Malerbetriebs ist, dass man Tausende von Dollar in Werbung investieren muss, um Kunden zu gewinnen.

Sie können ein florierendes Malergeschäft aufbauen, das nur auf Empfehlungen beruht und fast ohne traditionelle Werbung auskommt. Das stimmt nicht, vor allem nicht, wenn Sie sich auf Ausbesserungsarbeiten im Wohnbereich konzentrieren. Selbst jemand, der bei Null anfängt, kann sein Malergeschäft in sieben Tagen oder weniger mit einem Budget von nur 250,00 $ und einigen einfachen Verfahren zum Laufen bringen und Geld verdienen.

Dies sind einige Gründe, warum die Gründung eines Malergeschäfts das Interesse so vieler Menschen weckt und warum es durchweg zu den besten Kleinunternehmen gehört, die man gründen kann.

Wenn Sie einen Pinsel und ein freies Wochenende haben, können Sie einen Malerservice für ältere Menschen oder Immobilienmakler, die die Häuser ihrer Kunden vor dem Verkauf verschönern möchten, gründen. Sie wissen gar nicht, wie viel mehr Autorität Sie erlangen können, wenn Sie nur einen Raum neu streichen.

Dies ist ein einfaches, aber effektives Unternehmen, das Sie gründen können, indem Sie Flyer in Ihrer Nachbarschaft auslegen oder sich an Immobilienmakler wenden, deren Kontaktinformationen neben den zu verkaufenden Immobilien veröffentlicht sind, wenn sie Maler benötigen, um ihre Immobilie zu verschönern, bevor sie sie potenziellen Käufern präsentieren.

7. Hundeausführdienste.

Ein Unternehmen, das Hunde ausführt, kann eine angenehme und lukrative Möglichkeit sein, zu Hause Geld zu verdienen. Ein professioneller Hundeausführer führt die Hunde seiner Kunden regelmäßig aus, allein oder in Gruppen. Es gibt eine wachsende Nachfrage nach diesen Dienstleistungen, da viele Familien einen vollen Terminkalender haben und ihre Hunde nicht ausführen können, weil sie den ganzen Tag unterwegs sind. Bewegung ist für die richtige Pflege von Haustieren von entscheidender Bedeutung, und viele Haustierbesitzer verlassen sich auf die Hilfe von Hundeausführern.

Die Gründung eines Unternehmens für Hundeausführdienste bietet viele Vorteile. Eine echte Liebe zu Hunden und die körperliche Ausdauer, um mit den Hunden Gassi zu gehen, sind die einzigen erforderlichen Fähigkeiten. Engagement und Zuverlässigkeit beim Gassi gehen mit dem Hund sind entscheidend. Sie finden viele Informationen über die Pflege und das Verhalten von Hunden in Büchern oder auf entsprechenden Websites, die Sie in Ihrer örtlichen Bibliothek finden.

Ihre Anfangsausgaben sind bescheiden. Möglicherweise müssen Sie viele hochwertige Leinen, Kotschaufeln und Beutel anschaffen. Der Abschluss einer Haftpflichtversicherung wird in der Regel empfohlen. Außerdem können Sie Ihre Gesundheit und Fitness erhalten und gleichzeitig Geld verdienen! Mit einem Hundespaziergangsservice sind Ihre Betriebskosten gering und die Gewinnchancen hoch.

Bevor Sie dieses Geschäft von zu Hause aus starten, müssen Sie ein paar Details regeln. Sie müssen Ihre täglichen Wege und Spaziergänge planen. Bestimmen Sie die besten Orte, um mit den

Hunden spazieren zu gehen, und legen Sie dreißigminütige Rundgänge fest. Sie müssen Ihr Honorar festlegen. Erkundigen Sie sich, was andere Hundespaziergänger in Ihrer Gegend für ihre Dienste verlangen.

Legen Sie fest, welche Art von Hundespaziergängen Sie anbieten wollen, z. B. private oder Gruppenspaziergänge, die Anzahl der Spaziergänge pro Woche usw. Wenn Sie gerade erst anfangen, können Sie einschlägige Erfahrungen sammeln, indem Sie ehrenamtlich Hunde in örtlichen Tierheimen und Rettungsorganisationen ausführen. Auf diese Weise können Sie Erfahrungen im Umgang mit verschiedenen Hunden sammeln und sich das nötige Vertrauen und die Glaubwürdigkeit verschaffen, um bezahlte Jobs als Hundeausführer zu bekommen.

Auch mit einem kleinen Marketing- und Werbebudget ist es möglich, Jobs als Hundeausführer zu finden. Das Entwerfen und Drucken von auffälligen und informativen Flyern ist eine kostengünstige Methode, um für Ihre Haustierdienste zu werben.

Verteilen Sie diese Flugblätter in Ihrer Gemeinde, um neue Kunden zu gewinnen.

Hängen Sie Plakate in Bürogebäuden und Seniorenheimen aus, um die vielbeschäftigten Berufstätigen und Senioren zu erreichen, die wahrscheinlich einen Hundespaziergänger engagieren werden. Auch Haustierbesitzer, die im Urlaub sind, benötigen häufig die Dienste eines Hundeausführers. Hängen Sie Ihre Flyer an den schwarzen Brettern der Gemeinden aus.

Tierarztpraxen, Tierpflegedienste und Tierbedarfsläden sind weitere hilfreiche Orte für den Aushang von Flyern. Wenn Sie einen ausgezeichneten und zuverlässigen Service bieten, werden Sie erstaunt sein, wie viele Empfehlungen Sie erhalten, nachdem Sie Ihre ersten Kunden gewonnen haben.

Wenn Sie Hunde mögen und pünktlich sind, ist dies ein guter Arbeitsplatz. Sie könnten damit beginnen, Plakate am schwarzen Brett der Gemeinde aufzuhängen oder Nachbarn und Freunde um Empfehlungen zu bitten. Wenn Sie z. B. einen Hund für $x ausführen, könnten Sie die Besitzer fragen, ob Sie gleichzeitig ihren anderen Hund ausführen dürfen.

Auf diese Weise können Sie Ihre Einnahmen schnell verdoppeln. Sie können zusätzliche Einnahmequellen erschließen, indem Sie Empfehlungen für Haustierbetreuungsdienste einholen oder gegen ein geringes Entgelt Artikel für Zeitschriften schreiben, die sich an Haustierbesitzer richten.

Der erste Schritt zu einem erfolgreichen Geschäft besteht darin, aktiv zu werden und loszulegen. Wir haben Ihnen dieses Wochenende fünf Ideen gegeben, um Ihr Interesse zu wecken und Sie auf den Weg zu bringen.

8. Automatengeschäft.

Ah, das Geschäft mit den Automaten! Was macht es für den Einzelnen so attraktiv? Sicherlich lässt sich damit Geld verdienen, und die Tatsache, dass es sich um ein reines Bargeldgeschäft handelt, macht es noch viel attraktiver. Das bedeutet, dass keine Rechnungen an die Unternehmen geschickt werden. Sie füllen einfach Ihre Automaten auf und heben das Geld ab!

Es gibt einige Überlegungen, die man anstellen sollte, bevor man sich in das Geschäft stürzt, auch wenn es sich fantastisch anhört und es auch tatsächlich ist. Eine Sache, die man bedenken sollte, ist, dass es sich um ein Geschäft handelt, das einige Anstrengungen und Fähigkeiten erfordert.

Arbeit und Fachwissen gehen Hand in Hand. Es ist einfach, einen Getränkeautomaten aufzufüllen. Wenn man es ein paar Mal gemacht hat, wird es einfach, aber wie sieht es mit der Suche nach Standorten für die Aufstellung von Getränkeautomaten aus?

Das ist der Aspekt des Könnens, auf den ich mich bezogen habe! Es braucht Geduld und Ausdauer, um die Standorte zu finden und den Verkauf zu sichern. Es gibt ein Verfahren, das von dem Zeitpunkt, an dem Sie Ihren Interessenten treffen oder kontaktieren, bis zu dem Zeitpunkt, an dem Sie Ihre Automaten aufstellen, abläuft.

Diese Umwandlung geschieht nicht über Nacht! Es kann eine Woche oder viele Monate dauern, bis sie abgeschlossen ist. Es hängt vor allem von dem Zeitrahmen ab, in dem Ihre potenziellen Kunden Ihre Automaten einsetzen wollen.

Aber wenn Sie sich an Ihren Interessenten halten, ihn weiter betreuen und dafür sorgen, dass er die Informationen erhält, die er von Ihnen benötigt, werden Sie mehr Verkäufe tätigen, als Sie sich vorstellen können!

Können Sie eine Lösung für ihr Dilemma finden?

Können Sie etwas anders machen als alle anderen? Bevor Sie einen Verkaufsautomaten kaufen, sollten Sie sich gründlich informieren. So vermeiden Sie viele Kopfschmerzen auf dem Weg.

Dieses Geschäft kann Ihnen helfen, unabhängig zu werden, wenn Sie richtig anfangen.

Lesen Sie also alles, was Sie können, und stellen Sie so viele Nachforschungen wie möglich an, bevor Sie sich kopfüber in das Geschäft stürzen!

Manche Menschen sind Opfer von Betrügern geworden, die Ihnen überteuerte Maschinen anbieten und Ihnen Ihr hart verdientes Geld abnehmen wollen. Lassen Sie sich bitte nicht täuschen!

Suchen Sie einen vertrauenswürdigen Händler für Verkaufsautomaten in Ihrer Nähe und kaufen Sie dort, bevor Sie Geräte auf einem Seminar kaufen. Beginnen Sie damit, einen Automaten nach dem anderen zu bauen, und lernen Sie nach und nach dazu.

Wenn Sie keine etablierte Automatenlinie kaufen, wird der Aufbau Ihres Geschäfts einige Zeit in Anspruch nehmen.

Was wäre, wenn ich Ihnen sagen würde, dass Sie mehr verdienen könnten als in Ihrem Vollzeitjob, wenn Sie hartnäckig bleiben und sich dem Ausbau

Ihres Verkaufsgeschäfts widmen, und zwar einen Automaten nach dem anderen?

Erlauben Sie mir, eine kleine Geschichte zu erzählen.

Als ich in diese Branche einstieg, war ich hauptberuflich als Stadtbusfahrer tätig. Als er in ein neues Arbeitsfeld wechselte, bat mich ein Kollege, die Verantwortung für das Nachfüllen des Getränkeautomaten im Büro zu übernehmen.

Ich merkte sofort, dass ich mit dem Verkauf von ein paar Kisten Limonade 75 bis 100 Dollar pro Woche verdiente. Das hat mein Interesse geweckt! Also setzte ich mich mit einem Automatenhändler in Verbindung, der mir Automaten verkaufen konnte.

Damit begann für mich alles, als ich anfing, in Teilzeit zu arbeiten. Ich ging von Geschäft zu Geschäft, klopfte an die Türen und bat um die Erlaubnis, einen Getränkeautomaten aufzustellen.

Da wir bereits Automaten haben, muss ich zugeben, dass ich einige negative Antworten erhielt. Aber, und das ist ein großes Aber, ein paar Leute haben dann doch zugestimmt! So zog ich von Ort zu Ort und erweiterte mein Geschäft schrittweise um einen Automaten nach dem anderen.

Als es sich herumsprach, dass ich im Geschäft war, erhielt ich nach und nach Referenzen. Dann begann ich, mein Geschäft auf die nächste Stufe zu heben, indem ich meine Gewinne reinvestierte und Werbung für meine Zielgruppe machte.

Das war der Moment, in dem die Dinge Gestalt annahmen! Wenn Sie Ihre potenziellen Kunden so ansprechen können, dass sie Sie zuerst kontaktieren, werden Sie mehr Geschäfte abschließen, mehr Aufträge erhalten und mehr Geld verdienen.

Und wie habe ich das geschafft?

Mit harter Arbeit, Ausdauer und einer "Ich gebe nicht auf"-Mentalität konnte ich dies erreichen. Ich werde Ihnen sagen, dass mir das Studium und die

Untersuchung dieses Unternehmens im Vorfeld zum Erfolg verholfen haben.

9. eBay & Craigslist.

Ursprünglich waren eBay und Craigslist eine hervorragende Möglichkeit, sofortiges Einkommen zu erzielen. Über drei Millionen Menschen nutzen eBay als Haupteinkommensquelle und Hauptlieferant von Waren. Einige Personen verdienen zusätzliches Geld, indem sie Dinge von diesen Websites kaufen und sie zu einem höheren Preis weiterverkaufen. Warum sollten Sie diese Möglichkeit nicht in Erwägung ziehen?

Eine Website ist auch eine automatische Geldmaschine! Im Januar sah ich dieses Unterfangen als "nicht meine Liga" an. Das war ein großer Irrtum! Jeder kann eine Website erstellen und damit innerhalb weniger Stunden Geld verdienen! Dieses Konzept sollte Sie nicht einschüchtern. Es ist ganz einfach, Ihre Website zu erstellen.

Und wenn Sie keine Lust haben, eine eigene Website zu erstellen, sind viele Leute bereit, Sie dafür zu bezahlen, dass Sie ihre Website vermarkten! Wenn Sie das nicht wissen, suchen Sie in einer beliebigen Suchmaschine nach "Affiliate Marketing", um mehr zu erfahren. Mit diesem Geschäft kann man wöchentlich bis zu tausend Dollar verdienen, und das ohne Startgebühren. Das Geheimnis besteht darin, ein Programm zu finden, das eine prozentuale Beteiligung an den Verkäufen bietet.

Es gibt einige schlecht bezahlte Programme, aber auch solche, die mehrere hundert Dollar für jeden Verkauf auszahlen. Bevor Sie sich für ein Partnerprogramm anmelden, müssen Sie nur die Vergütungsstruktur prüfen und feststellen, ob es sich lohnt, dafür zu werben. Auf diese Weise haben Sie die Möglichkeit, das von Ihnen gewünschte hochprofitable Geschäft aufzubauen. Nehmen Sie sich einen Tag Zeit, um diese Möglichkeit zu untersuchen.

10. Tausch trifft Marketing.

In Städten und Gemeinden aller Größenordnungen im ganzen Land finden regelmäßig Flohmärkte und Tauschbörsen statt, die jeweils Hunderte, wenn nicht Tausende von Schnäppchenjägern anlocken.

Sie können im örtlichen Autokino, auf großen Parkplätzen, in Lagerhallen, Parks oder Gemeindezentren stattfinden - überall dort, wo genügend Platz ist, um Stände aufzustellen und ein Publikum anzuziehen.

Meistens finden diese Wettbewerbe an Wochenenden statt, obwohl sie in anderen Regionen auch am Donnerstag beginnen und vier Tage dauern können. Tauschbörsen und Flohmärkte sind unterhaltsam, lukrativ und eine großartige Möglichkeit, ein Geschäft aufzubauen. Viele Personen, die mit dem Verkauf von Tauschbörsen begonnen haben, haben später Geschenkeläden oder Versandhandelsunternehmen von beträchtlichem Umfang aufgebaut.

Nach Angaben des FAR HORIZONS Business Coaching Teams gibt es drei verschiedene Arten von Tauschbörsen.

Hinweis: (Der Einfachheit halber beziehen wir uns im Folgenden auf "Tauschbörsen" und meinen damit auch Flohmärkte, Handwerksmessen und ähnliche Veranstaltungen, wie im Folgenden erklärt wird.)

1. Tauschbörsen im Freien.

Was die Waren angeht, so sind diese in der Regel vielfältig. Von hochwertigen Stereoanlagen über Designerschmuck bis hin zu Familien, die Tante Emmas Garage von altem Werkzeug, Spielzeug und anderen Teilen entrümpeln, kann man alles finden. In der Regel ziehen diese Veranstaltungen Menschen an, die auf der Suche nach erheblichen Rabatten und Angeboten sind.

2. Indoor "Einkaufszentren."

Diese ziehen in der Regel einen erfahreneren Typ von Vermarkter an. Die Exponate sehen in der Regel geordneter aus, und die Qualität der Waren ist oft während der gesamten Veranstaltung höher. Es kann Stände statt Tische geben, und jeder Vermarkter zieht es vor, sich auf bestimmte Produktbereiche zu spezialisieren.

3. Kunsthandwerkliche Ausstellungen.

Sie können drinnen oder draußen stattfinden, als Teil eines örtlichen Karnevals oder in Parks, als Benefizveranstaltungen, Bezirksmessen oder andere Veranstaltungen ähnlicher Art. In der Regel stellen die Anbieter ihre Waren an Ständen aus, die von der jeweiligen Region abhängen. Die Auswahl kann von selbstgemacht bis teuer (oder selbstgemacht und teuer) reichen.

Vergessen Sie das nicht, wenn Sie für die Tauschbörse packen.

Im Laufe der Jahre haben uns Dutzende von erfolgreichen Swap-Meet-Verkäufern gesagt, dass die beiden wichtigsten Dinge, die Sie mitbringen können, sind:

1. Eine optimistische Veranlagung.

2. Die Bereitschaft zu verhandeln und "das Spiel zu spielen."

Ein Mitglied kommentiert: "Die Leute kommen zu den Tauschbörsen in der Hoffnung auf ein Geschäft und gehen hin, weil es ihnen Spaß macht. Deshalb bin ich positiv eingestellt und immer bereit zu verhandeln.

Ich habe einen Mindestpreis im Kopf, den ich nie unterschreite, aber ich bin immer bereit, ein wenig über den ursprünglich geforderten Betrag zu verhandeln. So ist mein Käufer mit dem Kauf zufrieden, und ich behalte eine gesunde Gewinnspanne. Davon profitieren wir beide."

Unabhängig von der Art der Tauschbörse, die Sie anfangs organisieren möchten. Sie müssen vor, während und nach der Veranstaltung ein paar einfache, grundlegende Schritte unternehmen.

Lassen Sie uns damit beginnen. Nun, das ist der Anfang!

HIER SIND EINIGE DINGE, DIE VOR DEM START ZU ERLEDIGEN SIND.

1. Wenn Sie es noch nicht wissen, finden Sie heraus, wo die örtlichen Tauschbörsen sind. Das sollte nicht allzu schwierig sein, denn sie werben in den lokalen Zeitungen und in den kostenlosen Publikationen in den Regalen der Supermärkte. Kleinere Tauschbörsen werben vielleicht nicht, aber Sie sollten sie finden können, indem Sie sich an nahegelegene Drive-Ins wenden oder das Telefonbuch durchstöbern.

2. Informieren Sie sich dann persönlich über die Konkurrenz. Beobachten Sie die Tische und Stände aus der Perspektive eines Vermarkters. Was führen die Händler? Noch wichtiger: Was haben sie nicht? Wie sind ihre Preise?

3. Buchen Sie einen Tisch (bzw. einen Stand). Wenden Sie sich an den Leiter des Treffens; er wird Ihnen Preisinformationen und eine Liste der Regeln und Beschränkungen geben, die Sie bei der Vermarktung auf dem Treffen einhalten müssen.

Die Kosten für die Anmietung eines Standplatzes auf einer Tauschbörse reichen je nach Veranstaltung von ein paar Dollar pro Tag bis hin zu weitaus mehr. Versuchen Sie, auf einem kostengünstigen, gut besuchten Treffen anzufangen, um Ihre anfänglichen finanziellen Aufwendungen zu minimieren.

4. Wählen Sie Ihre gewünschten Artikel aus. Das Business-Coaching-Team von FAR HORIZONS empfiehlt in der Regel, mit Waren im Wert von $ 450 bis $ 750 zu beginnen (d. h. mit den tatsächlichen Kosten).

5. Bereiten Sie Ihr sonstiges Zubehör vor.

Je nach Veranstaltung müssen Sie alle oder einige der folgenden Dinge mitbringen:

1. Mindestens ein Klapptisch.

2. Eine Geldkassette enthält Dollars und Wechselgeld.

3. Klappbare Stühle

4. Ein makelloses Tischtuch.

5. Ein großer Regenschirm, eine Plane oder ein anderer Sonnenschutz für Ihre Kunden (und Sie selbst).

6. Etwas durchsichtiges Plastik, um Ihre Waren vor Niederschlag zu schützen (dies gilt natürlich für Treffen im Freien).

7. Eine gelbe Preisliste, damit Sie das Endergebnis festlegen können, wenn Sie verhandeln müssen.

8. Viele Visitenkarten.

9. Einige Kataloge, Broschüren, Neuankömmlinge oder andere Werbematerialien, um den Verkauf zu fördern.

10. Ein Kundenauftragsbuch, in das Sie Quittungen schreiben und die Namen, Adressen und Telefonnummern der Kunden eintragen können.

11. Einen Taschenrechner.

12. Ein Gummistempel zum Indossieren von Schecks.

WICHTIG.

Tun Sie alles, um so viele Informationen wie möglich über jeden Kunden zu sammeln. Versuchen Sie, neben dem Namen, der Adresse und der Telefonnummer auch die E-Mail-Adresse, die Faxnummer und die Kreditkartendaten des Kunden zu erhalten, sofern Sie ein Händlerkonto haben.

DER GROSSE TAG IST GEKOMMEN.

Wenn Sie gut vorbereitet sind, sollte der Tag des Wettbewerbs recht gut verlaufen. Sicherlich werden Sie viel Arbeit haben, aber Sie werden auch Spaß haben - vor allem, wenn Sie anfangen, Verkäufe zu machen und Geld zu verdienen!

Das müssen Sie an Ihrem ersten Tag auf einer Tauschbörse tun:

1. Schalten Sie den Wecker aus, wachen Sie auf, duschen Sie und setzen Sie sich in Bewegung (wir sagten doch, dass dies eine Schritt-für-Schritt-Anleitung ist, oder?).

2. Wenn Sie bei der Versammlung ankommen, suchen Sie Ihren Platz und richten ihn ein. In Ihrem Programmvideo finden Sie Beispiele für die richtige und falsche Aufstellung. Üben Sie den Aufbau zu Hause, um den optisch ansprechendsten Stand zu planen, bevor Sie auf dem Kongress ankommen.

3. Bestimmen Sie Ihr "Endergebnis" oder den niedrigsten akzeptablen Preis für jeden Artikel. Unsere Business-Coaching-Mitarbeiter empfehlen das 1,5-fache Ihrer Kosten als Faustregel.

4. Bereiten Sie sich auf die Annahme von Schecks vor. Überprüfen Sie die aktuelle Adresse und Telefonnummer und geben Sie, wenn möglich, einen Führerschein oder eine Identifikationsnummer auf dem Scheck an. Viele Verbraucher bevorzugen diese Zahlungsmethode, und die Verkäufer berichten von einer vernachlässigbaren Anzahl "ungedeckter" Schecks.

5. Der Name, die Telefonnummer, die Faxnummer und die E-Mail-Adresse eines jeden Kunden (so viele wie möglich) sollten erfasst werden.

6. Sie können einen Partner brauchen, der die Kasse führt, während Sie den Verkauf abwickeln.

Nach Beendigung eines Swap-Treffs und vor Beginn des nächsten sind einige wichtige Aufgaben zu erledigen.

1. Erstellen Sie Ihre Mailingliste, indem Sie alle gesammelten Verbrauchernamen in Ihre Mailingliste aufnehmen. Diese werden im Laufe der Zeit zu einem festen Bestandteil Ihrer weiteren Marketingaktivitäten.

2. Planen/Implementieren Sie Mailings - Je nach Größe Ihrer Liste müssen Sie damit beginnen, Follow-up-Mailings an Ihre Kunden zu versenden.

Damit sind die Grundlagen des Swap-Meet-Marketings abgedeckt, aber das Wichtigste ist, dass Sie Spaß haben. Viele Verkäufer beziehen gerne ihre Familien (einschließlich ihrer Kinder) mit ein und verbringen an den Wochenenden wertvolle Zeit damit, auf ein gemeinsames Ziel hinzuarbeiten.

Swap Meet Marketing ist unterhaltsam, lohnend und kann mit nur wenigen Stunden Aufwand pro Woche betrieben werden. Eine Handvoll Verkäufer vermischt Geschäft mit Spaß, indem sie von Swap Meet zu Swap Meet im ganzen Land reisen. Mit den Gewinnen von jedem Wochenende finanzieren sie ihre Reisen und kaufen weitere Produkte für das nächste Treffen!

11. Babysitting.

Als Mutter braucht jede einen Tag Abstand von ihren Kindern und den Anforderungen des Alltags; deshalb können Sie den Wunsch anderer Mütter nach einer Auszeit nutzen. Glauben Sie nicht eine Sekunde lang, dass Sie allein sind, denn das sind Sie nicht. Viele Mütter können ihre Kinder nicht ausstehen; wenn das auf Sie zutrifft, können Sie genau das sein, wonach sie suchen.

Babysitting in Einkaufszentren kann sowohl unterhaltsam als auch lukrativ sein. Manchmal sind vielbeschäftigte Kunden es leid, ihre Kinder von Geschäft zu Geschäft zu schleppen. Und manchmal ist alles, was die Kinder wollen, ein kurzes Nickerchen.

Wenn Sie Erfahrung im Babysitten haben oder eine Kindertagesstätte betrieben haben, könnten Sie Spaß haben und leichtes Geld verdienen, indem Sie auf Kinder aufpassen, während ihre Eltern im

Einkaufszentrum einkaufen. Wenden Sie sich einfach an die Dienste des Einkaufszentrums; es gibt fast immer leere Geschäfte, und das Einkaufszentrum ist sehr gut gesichert.

Das Geschäft kann leicht Monitore installieren, um die Sicherheit der Kinder zu gewährleisten. Sie können auch dafür sorgen, dass ein Sicherheitsbeamter für Sie anwesend ist. Sie werden begeistert sein, wenn Sie die Eltern zum Einkaufen überreden können, und Sie werden eine gute Zeit haben und mit dem Beobachten von Kindern leichtes Geld verdienen.

Kinder sind es leid, zum Einkaufen mitgenommen zu werden, sie haben Hunger und sind gereizt. Ein sicherer Ort, an dem Eltern ihre Kinder beim Einkaufen lassen können, wäre ein wunderbarer Trost.

Erstellen Sie eine Kopie. Wenn die Eltern ihr Kind abgeben, machen Sie eine Kopie ihres Führerscheins, und wenn sie zurückkommen, um ihr

Kind abzuholen, müssen sie das Original vorlegen. So sind Sie und das Einkaufszentrum geschützt.

Wenn das Einkaufszentrum Kameras im Geschäft installiert, kann Sie niemand eines Fehlverhaltens beschuldigen. Die Kinder haben eine angenehme Ruhepause. Und Sie verdienen Geld, während Sie Spaß haben.

Versuchen Sie, was ich gemacht habe, wenn Sie sofort oder innerhalb einer Stunde Geld brauchen. Ich verdiene heute mehr Geld als in meinem früheren Geschäft, und Sie können das auch, wenn Sie auf den Link unten klicken und die unglaubliche wahre Geschichte lesen. Ich war nur zehn Sekunden nach meinem Beitritt misstrauisch, bevor ich wusste, was das ist. Sie werden auch von einem Ohr zum anderen strahlen, so wie ich es tat.

12. Abendbrot verkaufen.

Dafür ist vielleicht eine Erlaubnis erforderlich, aber das ist keine große Sache. Jede Mutter weiß, dass das Wochenende ihre kochfreie Zeit ist; deshalb müssen Sie Mahlzeiten zubereiten und an die Familien ausliefern, für die Sie eingeteilt sind.

An einem normalen Wochenende können Sie mehrere hundert Dollar Gewinn machen, und das Beste daran ist, dass Sie Ihr Haus nur für die Lieferung verlassen müssen.

13. Bezahlte Umfrage.

Mit einem Online-Wochenendjob können Sie 200 Dollar oder mehr verdienen, ohne jemals Ihr Haus zu verlassen. Das Schönste daran ist, dass es kein Vorstellungsgespräch oder ähnlichen Blödsinn gibt. Sie arbeiten einfach so viel, wie Sie möchten, und das Geld, das Sie verdienen, wird auf Ihr Konto überwiesen, sobald die Arbeit erledigt ist.

Viele Personen, die entdeckt haben, dass ihnen das zusätzliche Geld aus einem Online-Wochenendjob gefällt, stellen fest, dass sie mehr verdienen als bei ihrer regulären Beschäftigung. Mit nur ein paar Stunden am Wochenende ist es möglich, weitere 250 Dollar oder mehr zu verdienen. Wenn Sie dies regelmäßig an Samstagen und Sonntagen tun, haben

Sie am Ende des Monats 2.000 Dollar mehr zur Verfügung, um Rechnungen zu bezahlen oder sich zu vergnügen.

Sie sollten sich jedoch vor Unternehmen in Acht nehmen, die Sie dazu überreden wollen, Geld zu zahlen, um Geld zu verdienen. Lassen Sie sich davon nicht täuschen. Seriöse Wochenendjob-Websites verlangen keine Gebühren. Sie sollten Sie entschädigen.

Bezahlte Umfrageseiten gehören zu den flexibelsten und beliebtesten Online-Wochenendjobseiten. Viele Unternehmen und Branchen versuchen immer, Kundenfeedback zu erhalten, aber es ist zu kostspielig, umfangreiche Marktforschungsinitiativen durchzuführen. Deshalb bezahlen sie Einzelpersonen für die Durchführung einer Internetumfrage mit 5 bis 50 Dollar.

Da sie nur 5 bis 15 Minuten in Anspruch nehmen, ist es einfach, eine große Anzahl von Umfragen an einem einzigen Tag auszufüllen. Deshalb können Menschen über 250 Dollar pro Tag verdienen, indem sie einfach ihre Meinung mitteilen.

Die einzigen Voraussetzungen sind die Anmeldung bei einer kostenlosen Website für bezahlte Umfragen, die Suche in der Datenbank nach den am besten bezahlten Umfragen und das Ausfüllen des Formulars. Sobald Sie auf die Schaltfläche "Absenden" klicken, wird Ihr Verdienst sofort auf Ihr Bankkonto oder Ihr PayPal-Konto überwiesen.

14. Verkaufen Sie Werbefläche in Ihrem Blog.

Wenn Sie eine Website oder einen Blog haben, können Sie weiteres Geld verdienen, indem Sie Werbeflächen auf der Website verkaufen. An diesem Wochenende können Sie sich an viele Internet-Werbenetzwerke wenden, um ihre Werbung auf Ihrer Website zu platzieren.

Google AdSense ist eines der bekanntesten Werbenetzwerke. Nachdem Sie sich beworben haben und Ihre Website genehmigt wurde, erhalten Sie einen Code, den Sie kopieren und einfügen können, um Werbung für relevante Inhalte anzuzeigen.

Sie verdienen Geld, wenn ein Besucher auf eine Anzeige klickt. Andere Werbenetzwerke, bei denen Sie sich bewerben können, sind Chitika und TextLinkAds. Führen Sie einfach eine Google-Suche nach weiteren Werbenetzwerken durch.

Wenn Sie Ihren Lesern bereits regelmäßig einen Newsletter zukommen lassen, können Sie darüber hinaus weitere Einnahmen erzielen, indem Sie Sponsorengelder oder Werbeflächen in Ihren Newslettern verkaufen. Wenn sich Ihr Newsletter beispielsweise mit dem Thema Hundetraining befasst, können Sie eine lokale oder Online-Tierhandlung um ein Sponsoring im Austausch für eine Anzeige in Ihrem Newsletter bitten.

15. Affiliate-Marketing.

Haben Sie sich jemals gefragt, wie man mit Affiliate-Marketing schnell Geld verdienen kann? Heute ist es so weit. In diesem Aufsatz werde ich

Affiliate-Marketing definieren und erklären, wie man das maximale Geld damit verdienen kann.

Nachdem Sie meine geheimen Strategien kennengelernt und verstanden haben, wie Sie mit Affiliate-Marketing Geld verdienen können, kann ich Ihnen garantieren, dass Sie nie wieder einen normalen Job suchen werden. Denn die Arbeit als Affiliate ist so vorteilhaft, und Sie können sich aussuchen, wann Sie arbeiten und wann Sie sich freinehmen.

Stellen Sie sich vor, Sie arbeiten vier Stunden am Tag, so wie ich es tue, mit einem Computer und einer Internetverbindung. Sie können von jedem Ort der Welt aus arbeiten!

Wie funktioniert dieses Partnerprogramm?

Als Partner sind Sie im Wesentlichen der Geschäftsinhaber, aber Sie müssen keine Produkte entwickeln, lagern oder versenden. Die Firma, die das Partnerprogramm anbietet, kümmert sich um alles andere. Sie brauchen sich nicht einmal um den

Kundendienst zu kümmern, denn jedes starke Netzwerk verfügt bereits über einen solchen.

Ihre einzige Aufgabe besteht also darin, gezielte Besucher für die Partnerangebote zu gewinnen. Wenn Sie sich im Internet-Marketing versucht haben, werden Sie feststellen, dass es ganz einfach ist. Es ist nicht besonders schwierig.

Sie können diese Aktion durchführen, wenn Sie schon einmal einem Freund etwas empfohlen haben, vielleicht ein Restaurant oder einen Film, den man sich ansehen sollte. Der einzige Unterschied ist, dass Sie für jede Empfehlung, die Sie machen, entschädigt werden.

Um als Affiliate Geld zu verdienen, sind ein paar einfache Schritte erforderlich:

Sie müssen zunächst das Produkt auswählen, für das Sie werben möchten. Danach müssen Sie ein Angebot entwickeln. Beginnen Sie mit kostenlosen Web-Publishing-Tools wie Squidoo oder Blogger. Sie sind äußerst benutzerfreundlich und werden in Suchmaschinen sehr gut gefunden.

Danach können Sie damit beginnen, Ihre Squidoo-Seite mit Artikelmarketing, Videomarketing, Social Bookmarking und anderen Techniken zu bewerben.

Sobald diese Werbestrategien online sind, können Sie mit einer gewissen Menge an Besuchern auf Ihren kostenlosen Angebotswebseiten rechnen. Jetzt ist es an der Zeit, sich zu entspannen und das Internet Geld für Sie verdienen zu lassen.

Ich glaube, es gibt nichts Einfacheres zu lernen, als mit Affiliate-Marketing Geld zu verdienen. Sie haben also nichts zu verlieren, wenn Sie es versuchen.

Viele große Unternehmen sind bereit, Personen, die erfolgreich für ihre Produkte oder Dienstleistungen werben, beträchtliche Schecks auszustellen. Wenn Sie bereits Internetprodukte oder -dienstleistungen verwendet oder gekauft haben und deren Qualität bestätigen können, können Sie online ein beträchtliches Einkommen erzielen.

Sie erhalten eine Vergütung, wenn Menschen auf Ihre Links klicken und etwas kaufen. Die Autorin Rosalind Gardner ist eine der erfolgreichen Affiliate-Vermarkterinnen, die zum Vollzeit-Internetgeschäft übergegangen sind. Ihr Buch, "Make a Fortune Promoting Other People's Stuff Online", trägt den Titel "Make Huge Income Promoting Other People's Stuff Online". Sie verdient ständig sechsstellige Beträge online von zu Hause aus.

16. Online-Auktionshaus.

Sie können selbst hergestellte Artikel versteigern, wie z. B. Weihnachtskerzen oder selbstgemachte Seifen. Andere Artikel, die Sie online gewinnbringend weiterverkaufen können, sind preiswerte Artikel, die einen Mehrwert bieten. Wenn Sie z. B. günstiges Origami-Papier gefunden haben, können Sie ein eBook über Origami-Designs beifügen und das Papier und das eBook auf Websites wie eBay versteigern.

Wenn Sie als Auktionator erfolgreich sind, können Sie als "Handelshilfe" für andere fungieren, die ihre Seiten verkaufen möchten. Auf diese Weise können Sie zusätzlich zu Ihren Auktionseinnahmen weitere Einnahmen erzielen.

Die Gründung eines Wochenendgeschäfts beeinträchtigt den Lebensstil der meisten Menschen nicht und kann in der Zukunft zu größeren Einkünften führen. Neben der Steigerung Ihres Einkommens können Sie durch ein Wochenendgeschäft auch wichtige unternehmerische Fähigkeiten erwerben.

17. Freiberufliche Tätigkeit.

Unternehmen aller Art benötigen Texter, ziehen es aber oft vor, die Arbeit auszulagern, anstatt die hohen Kosten zu tragen, die mit der Einstellung von Vollzeitkräften verbunden sind. Das Internet ist eine hervorragende Quelle, um diese Art von Arbeit zu finden.

Das Witzige daran ist, dass Sie kein ausgebildeter Schriftsteller sein müssen. Wenn Sie in der Lage sind, zusammenhängende Sätze zu schreiben und ein wenig zu recherchieren, können Sie oft problemlos ein freiberufliches Schreibprojekt abschließen, wenn Sie über diese Fähigkeiten verfügen. Haben Sie Erfahrung mit dem Schreiben oder mit witzigen Texten? Noch besser.

Unabhängig von Ihren Fähigkeiten gibt es Möglichkeiten, am Wochenende zu arbeiten. Führen Sie eine Online-Suche nach "Jobs für freiberufliches Schreiben" durch.

18. Erhalten Sie Bargeld für Ihre Elektronik.

Beseitigen Sie alle Ihre veralteten Handys, Digitalkameras, Laptops, MP3-Player, Filme und Camcorder. Sie werden von einer Firma namens Gazelle gesucht, die sogar die Kosten für den Versand übernimmt.

Auf ihrer Website habe ich eine erstaunliche Tatsache entdeckt: Sie zahlen ihren Kunden durchschnittlich 115 Dollar. Das ist eine wunderbare Wochenendprämie für die Zeit, die man braucht, um sein Hab und Gut zu finden und zu verpacken.

19. Arbeit in der Autodetailverarbeitung.

Die Autopflege kann der perfekte Ganzjahres-Wochenendjob für Sie sein, wenn Sie an den Wochenenden etwas dazuverdienen möchten und Spaß an der Arbeit an Kraftfahrzeugen haben.

Der Einstieg in die Autopflege kann relativ erschwinglich sein, und er kann auch lukrativ sein. Mit nur wenigen zahlenden Kunden können Sie eine zuverlässige und beständige Nebenbeschäftigung haben. Wenn Ihnen die Arbeit am Auto Spaß macht, können Sie diese Tätigkeit gar nicht als "Arbeit" bezeichnen.

Wenn Sie mit Detailarbeiten nicht vertraut sind, sollten Sie sich über dieses Thema informieren. Besuchen Sie Ihre örtliche Buchhandlung oder

Bibliothek und sehen Sie sich einige Handbücher zur Autopflege an oder melden Sie sich für einen Kurs an - Sie können online nach Hochschulen suchen.

20. Tortenbildhauerei.

Wenn Sie backen können und kreativ sind, kann die Gründung eines Unternehmens für Tortendekoration viel Spaß machen. Wenn Sie ein kreatives Gespür haben, werden Sie Kunden anziehen, die Ihre einzigartigen Torten wollen (die sie nirgendwo anders bekommen können). Die Menschen neigen dazu, mehr Geld für andere auszugeben als für sich selbst, und unverwechselbare Dinge, an denen sich viele Menschen erfreuen können, bringen in der Regel mehr Einnahmen.

21. Tierfotografie.

Die Fotografie ist ein lukrativer Wirtschaftszweig, und die Haustierfotografie ist ein spezielles Fachgebiet, das eine beträchtliche Menge an Konkurrenz ausschaltet. Wenn Sie über ein paar Kamerakenntnisse und ein wenig Vorstellungskraft verfügen, können Sie über den Erfolg dieses "kleinen Geschäftskonzepts" erstaunt sein. Kürzlich habe ich einen Artikel über einen erfolgreichen "Nischen"-Fotografen gelesen, der ausschließlich schlafende Kleinkinder fotografierte.

Erstellen Sie eine einfache Website und laden Sie Beispiele Ihrer Arbeiten im Bereich "Haustierfotografie" hoch, damit potenzielle Kunden sehen können, was Sie tun. Denken Sie daran, dass Haustierbesitzer ihre Tiere lieben; ein Schnappschuss von einem Haustier mit seinem Besitzer ist wunderbar. Ein einzigartiges Geburtstagsgeschenk, Weihnachtskarten und sogar ein Fotokalender für Haustiere können erstellt werden.

22. Maßgeschneiderte Dinge.

Es gibt Internetshops, in denen Sie maßgeschneiderte Dinge anbieten können. Sie liefern die Produkte, während Sie das Design liefern. Sie müssen keine Produkte im Voraus kaufen oder für eine Website bezahlen.

Die Kunden besuchen diese Websites (wie Cafe Press), um Waren zu kaufen. Wenn ein Käufer ein Produkt mit Ihrem Design bestellt, vertreibt das Unternehmen die Ware an den Kunden und gibt Ihnen einen Prozentsatz des Gewinns.

Achten Sie darauf, dass Ihre Wochenendarbeit nicht zu lukrativ wird. Vielleicht müssen Sie Ihren Job aufgeben und ein Unternehmen gründen, das das tut, was Sie lieben.

23. Nachhilfeunterricht.

Angesichts des derzeitigen Wirtschaftsklimas haben viele Menschen Schwierigkeiten, über die Runden zu kommen. Um sich die benötigten Güter leisten zu können, müssen viele von uns einen Zweitjob oder einen Wochenendjob annehmen, obwohl sie berufstätig sind. Es gibt einfache Teilzeitbeschäftigungen am Wochenende, die jeder ausüben kann. Auf dieser Seite werden einige zugängliche Beschäftigungsmöglichkeiten vorgestellt.

Fundraising für eine gemeinnützige Organisation ist eine lohnende, gut bezahlte Teilzeitbeschäftigung. Menschen mit guten Kommunikations- und Marketingfähigkeiten können als Teilzeit-Fundraiser arbeiten. Sie können Geld verdienen und gleichzeitig Bedürftigen helfen. Dabei geht es in erster Linie darum, wohltätige Spenden von Einzelpersonen einzuwerben.

Eine Nachhilfetätigkeit ist eine weitere hervorragende Möglichkeit, sich etwas dazuzuverdienen. Diese Teilzeitbeschäftigung hat den Vorteil, dass man ohne großen Aufwand Kunden gewinnen kann. Sie können sich an die örtliche Schule wenden oder Eltern fragen, ob sie ihrem Kind Nachhilfe in einem bestimmten Fach geben würden.

Nach einer gewissen Zeit werden Sie weitere Kunden gewinnen, denn Eltern und Kinder werden andere Bedürftige nicht auf Ihre Dienstleistung aufmerksam machen. Wenn Sie gut arbeiten, brauchen Sie also keine Werbung zu machen.

Sie brauchen das Haus nicht zu verlassen. Online-Aktivitäten, für die Sie entlohnt werden, sind eine weitere hervorragende Möglichkeit, am Wochenende Geld zu verdienen. Eine der beliebtesten in diesem Bereich sind bezahlte Umfragen.

Nachdem Sie sich registriert haben, können Sie sich mit der Umfrageseite verbinden, um die Umfragen auszufüllen. Diese einfache Aufgabe können Sie abends nach Ihrem 9-to-5-Job erledigen und so mehr Geld verdienen. Je nachdem, wie viel Zeit Sie investieren, können Sie jeden Monat viel zusätzliches Geld verdienen.

24. Fahrzeug-Detailing.

Diese Art von Arbeit ist wahrscheinlich die einfachste und flexibelste für Sie. Es handelt sich um einen Job, der so gut bezahlt wird, dass man etwa 250 Dollar pro Auto verdient (etwa 4 Stunden).

Sie beginnen damit, dass Sie Flugblätter unter die Scheibenwischer von schmutzigen, aber als teuer geltenden Autos legen. Wenn Sie außerdem eine neue

Bürste, einen Eimer und Lappen brauchen, können Sie das Kapital für weniger als 50 Dollar ausgeben.

25. Erhaltung von Gewerbeimmobilien.

Wenn Sie gerne im Freien arbeiten, ist dieser Beruf ideal für Sie. Viele große Unternehmen suchen Mitarbeiter mit dieser Erfahrung. Die Bezahlung für diese Stelle ist ziemlich hoch. Neben einer angemessenen Vergütung erhalten Sie auch freie Bewegung und frische Luft.

26. Rettungsschwimmer.

Die meisten Wochenendjobs werden sehr schlecht bezahlt. Normalerweise werden Rettungsschwimmer in der Stadt, in der sie arbeiten, nach dem Tarif eines normalen Angestellten entlohnt, der über dem Mindestlohn liegt. Stellen Sie sich vor, wie fantastisch Ihr Körperbau sein wird! Sie können schwimmen lernen, auch wenn Sie es nicht können.

Wenn Sie schon immer Rettungsschwimmer werden wollten, entscheiden Sie sich für diese

Tätigkeit als Nebenverdienst, wenn Sie bereits einen Job haben. Die Bewegung wird fantastisch sein, Sie haben freien Zugang zu den Einrichtungen und können stundenlang eine lohnende und befriedigende Arbeit verrichten. Wenn Sie Student sind, ist die Bezahlung hervorragend, und diese Referenz wird Ihren Lebenslauf in Zukunft sehr bereichern.

27. Bühnenarbeiter für eine Band oder eine Theatergruppe.

Viele Einrichtungen bieten einen Pauschalpreis für jedes Engagement an, unabhängig von der Anzahl der Stunden oder der Länge des Wochenendes. Das mag einem 40-jährigen Ausbilder, der Rockmusik nicht mag, nicht gefallen, aber nicht jede Musik ist Rock.

Nehmen wir an, Sie sind ein Kind und schaffen es, Roadie für eine Rockband zu werden; Hut ab vor Ihnen! Einige Sinfonieorchester benötigen an den Wochenenden, wenn ihre regulären Musiker frei haben, Unterstützung in Teilzeit. Manchmal stellen

Theatergruppen Assistenten mit dem gleichen Lohnniveau ein.

28. Start eines Autowartungsgeschäfts.

Die meisten Menschen besitzen ein Auto. Nutzen Sie diesen Vorteil, indem Sie anbieten, das gesamte Fahrzeug zu waschen, zu saugen und zu reinigen. Sie können mehr Geld verlangen, wenn Sie die Dienstleistungen kombinieren (Waschen, Staubsaugen, Fensterreinigung usw.).

29. An einer Flaschensammlung teilnehmen.

Holen Sie Ihren Pickup und sammeln Sie ungewollte Flaschen von Tür zu Tür. Viele Menschen recyceln, aber vielen fehlt die Zeit, ihre Wertstoffe zum Flaschenladen zu bringen. Bieten Sie ihnen an, dies für sie zu tun, und behalten Sie die Ergebnisse für sich selbst. Das kann eine beträchtliche Menge Geld für wiederverwertbare Waren einbringen.

30. Einen Hofverkauf veranstalten.

Jetzt ist die ideale Gelegenheit, unerwünschte Gegenstände zu verkaufen und Unordnung zu beseitigen. Schalten Sie einfach eine Anzeige in der örtlichen Zeitung, verteilen Sie Flugblätter und organisieren Sie Ihren Flohmarkt.

31. Das Zeitungspapier.

Das Austragen von Zeitungen ist eine weitere Möglichkeit, sich am Wochenende etwas dazuzuverdienen. Sie können ein wenig Geld verdienen, wenn Sie mehr Zeit und Energie investieren. Wenden Sie sich an Ihren örtlichen Zeitungsverteiler und erkundigen Sie sich nach der Verfügbarkeit von Wochenendzustellungen.

32. Landschaftsgärtner auf Zeit.

Wenn Sie ein Händchen für Landschaftsgestaltung und Design haben und Rasenflächen auffrischen können, wäre eine Tätigkeit als Landschaftsgärtner/in ideal für Sie. Der

Landschaftsbau umfasst das Pflanzen von Bäumen und Blumen, das Verlegen von Rollrasen und die Gestaltung von Gärten.

33. Ein kleines Unternehmen gründen.

Sie können ein kleines Unternehmen gründen, das nur an den Wochenenden oder in Teilzeit betrieben wird. Das Unternehmen könnte von der Herstellung von Gebäck für besondere Anlässe bis zum Fensterputzen reichen. Fensterputzer verdienen einen Stundenlohn. Um ein Fensterreinigungsunternehmen zu gründen, sollten Sie sich an Unternehmen wenden, die diese Dienstleistung am Wochenende benötigen, z. B. Restaurants und Häuser.

34. Nutzen Sie Ihr Know-How.

Nutzen Sie Ihre Informationen effektiv. Sind Sie ein guter Mathelehrer? Sie haben die Möglichkeit, Mathelehrer zu werden. Sie könnten Ihre Dienste als Lektor oder Tutor anbieten, wenn Sie Englisch beherrschen. Lassen Sie Ihre Fähigkeiten für sich arbeiten.

Zusätzlich zu den oben genannten Möglichkeiten können Sie etwas Kreatives und Unterhaltsames ausprobieren, um an den Wochenenden Geld zu verdienen. Sie könnten kirchliche oder kommunale Flohmärkte organisieren oder beim Aufbau von Messen und Einkaufszentren helfen. Diese Messen werden von vielen Käufern besucht, und Sie werden sicher einige treue Kunden finden.

35. Private Ferienvermietung.

Langfristige Luxusurlaube sind für Personen möglich, die sich eine private Ferienvermietung leisten können. Je nach Dauer der Reise bewohnen die Mieter diese Häuser in der Regel ein bis zwei Wochen.

Die Häuser sind komplett mit Standardmöbeln ausgestattet, und die privaten Ferienhäuser verfügen in der Regel über private Whirlpools oder Pools und eine außergewöhnliche Aussicht. Wenn Sie Immobilien besitzen, die in Ferienhäuser umgewandelt werden können, sollten Sie in Erwägung ziehen, diese privat zu vermieten.

Stellen Sie zunächst fest, ob Ihre Immobilien die Anforderungen für die private Ferienvermietung erfüllen. Diese Häuser sollten strategisch günstig in der Nähe von Einkaufszentren, Restaurants und Touristenattraktionen gelegen sein.

Die Nähe Ihrer Häuser zu Golfplätzen, Stränden, Skigebieten oder den Bergen wird ein zusätzlicher Verkaufsvorteil sein.

Stellen Sie fest, ob es einen Markt für kategorisierte Ferienhäuser gibt, bevor Sie mit dem Renovierungsprozess beginnen. Sie benötigen eine hohe Nachfrage und eine begrenzte Anzahl von privaten Ferienhäusern in der Umgebung Ihrer Immobilien.

Besorgen Sie sich die notwendigen rechtlichen Unterlagen für Ferienhäuser. Renovieren und möblieren Sie Ihre Häuser, um sie so komfortabel wie möglich zu gestalten. Luxuriöse private Ferienhäuser müssen über einen Ofen, einen Kamin und einen Swimmingpool verfügen.

Fügen Sie Bilder und eine ausführliche Beschreibung Ihrer Objekte in Ihr Inserat ein. Geben Sie alle verfügbaren Aktivitäten und öffentlichen Einrichtungen in der Liste der Nachbarschaft an. Sie können Ihr Angebot auf kostenlosen Websites online stellen, Vermietungsunternehmen in Anspruch nehmen oder, falls erforderlich, eine eigene Website erstellen.

Auf dieser Ebene ist eine Software für die Ferienvermietung nützlich, weil sie bei der Verwaltung von Reservierungen und Immobilien hilft. Sie können das Geschäft selbständig betreiben oder ein Team engagieren, das Sie bei der Verwaltung von Mietkonten, der Bereitstellung von Hausmeisterdiensten, der Durchführung von Wartungsarbeiten und der Werbung für private Ferienunterkünfte unterstützt. Sie können auch kostenlose und einfache Pakete anbieten, um Reisende anzuziehen.

KAPITEL 5: DIE BELIEBTESTEN WOCHENENDJOBS VON STUDENTEN.

Um sich auf ihre künftige Laufbahn vorzubereiten, verschwenden Studenten ihre Freizeit nicht mehr mit Online-Spielen, Chatten und anderen frivolen Aktivitäten. Sie suchen nach Beschäftigungsmöglichkeiten am Wochenende, um ihr Einkommen aufzubessern. Die drei beliebtesten Wochenendbeschäftigungen sind die folgenden.

Nachhilfelehrer.

Diese Stelle ist ideal für Studenten. Sie erfordert kein hohes Maß an manueller Geschicklichkeit. Durch die Überarbeitung früherer Informationen können Sie mehr Geld verdienen. Im

Vergleich zu anderen Berufen ist diese Tätigkeit bequem und gut bezahlt.

Sie können nicht nur Ihr sprachliches Ausdrucksvermögen und Ihre Ausdauer verbessern, sondern auch Ihr Wissen festigen. Am wichtigsten ist, dass Ihre Arbeitszeiten fast ausschließlich am Wochenende oder außerhalb der Unterrichtszeiten liegen. Daher werden Sie in keiner Weise in Ihren akademischen Bestrebungen behindert.

Kellnerin oder Kellner.

Es ist beliebt, in Fast-Food-Restaurants wie KFC und McDonald's Teilzeitarbeit zu suchen. Sie stellen oft Aushilfskräfte an Wochenenden und Feiertagen ein. Aufgrund des Stundenlohns und des Schichtdienstes können Sie nur an Wochenenden arbeiten. Dieser Wochenendjob ist nicht besonders anstrengend, aber Sie müssen einen zuvorkommenden Kundenservice bieten und in der Lage sein, mit unerwarteten Situationen umzugehen.

Praktikum.

Praktika können für die künftige Karriere von Studenten von Vorteil sein. Studierende können sich selbst vorschlagen, wenn sie nachweislich über Fachwissen in ihrem Studienfach verfügen. Allerdings kann Ihr Praktikum gelegentlich unbezahlt sein. Verschiedene Arbeitgeber werden Sie unterschiedlich entlohnen.

Ihr wichtigstes Kapital sind Ihre Berufserfahrung und Ihre ausgezeichneten praktischen Fähigkeiten und Fertigkeiten. Unternehmen, Supermärkte, Krankenhäuser und öffentliche Einrichtungen bieten in der Regel Praktikumsplätze für Studierende an.

Was werden Sie an den Wochenenden tun? Freunde besuchen, einkaufen gehen, eine Party besuchen oder Online-Spiele spielen? Vielleicht sind all diese Wochenendaktivitäten nicht mehr in Mode. Sie können sich einigen Leuten anschließen, die Wochenendjobs finden, um ihre Wochenenden zu verbringen.

KAPITEL 6: 1.000 DOLLAR AN NUR EINEM WOCHENENDE VERDIENEN.

Wir alle haben die Schlagzeilen auf den Titelseiten der Zeitschriften im Supermarkt gesehen, in denen behauptet wird, dass es einfach ist, in kürzester Zeit unverschämt viel Geld zu verdienen. Und wahrscheinlich haben Sie in Ihrem Bestreben, mehr Geld zu verdienen, auch andere Websites besucht, auf denen eine luxuriöse Villa und exotische Sportwagen in der Auffahrt abgebildet sind, um die Vorstellung von mühelosem Reichtum zu vermitteln.

Ich habe die Zeitschriften gekauft, die Artikel gelesen und einige dieser Online-Programme gekauft. Sie alle scheinen einem gerade genug zu sagen, um den Buchstaben des Gesetzes zu entsprechen, aber sie sagen einem nie alles, was man wissen muss, um die

Menge an Geld zu verdienen, die sie behaupten, dass man sie verdienen kann, was extrem frustrierend ist.

Ich wünschte, es würde mir einmal jemand sagen, "wie" ich es machen soll! Klären Sie es für mich auf! Bitte vereinfachen Sie es, damit ich es verstehen kann!

Das werde ich also tun. Ich werde zeigen, wie es möglich ist, an einem einzigen Wochenende 1.000 Dollar zu verdienen.

Also, lassen Sie uns anfangen.

Das beginnt mit dem Verkaufen. Behaupten Sie nicht, dass Sie nicht verkaufen können. Ich bin überzeugt, dass Sie es können. Sie verkaufen sich ja auch, wenn Sie sich um eine Stelle bewerben, nicht wahr? Obwohl es in diesem KAPITEL um Verkaufen geht, ist es nicht die Art, die Sie erwarten können. Die Menschen werden bereits erkennen, dass sie das, was Sie verkaufen, wollen und brauchen, so dass Sie sie nicht überzeugen müssen, es zu kaufen. Es gibt sehr wenig zu verkaufen.

Wenn Sie auf eine unbekannte Person zugehen und sagen können: "Hallo. Wie geht es Ihnen?", ist das in Ordnung.

Zweitens ist Geld erforderlich, um Geld zu verdienen. Am besten wäre es, wenn Sie etwas zu verkaufen hätten, denn es ist eine Investition, aber die Anfangsinvestition muss nicht Hunderte von Dollar betragen. Ich habe mit knapp 200 Dollar angefangen. (Ich weiß, dass selbst 200 Dollar für manche Leute Geld sind; mir ging es früher genauso.) Manche Leute fangen mit deutlich weniger an.) Aber es ist schwer, Geld zu verdienen, ohne es vorher auszugeben, nicht wahr?

Drittens handle ich ausschließlich mit brandneuen Artikeln. Ich durchstöbere keine Secondhand-Läden, gehe nicht auf Flohmärkte und Flohmärkte, um nach Dingen zu suchen, die ich weiterverkaufen kann, und stöbere auch nicht in Müllcontainern.

Was tue ich also? Ich verkaufe auf Flohmärkten. Ich mache das schon seit Jahrzehnten und habe an den Wochenenden ein gutes Auskommen. (Ich scherze mit meinen Kumpels, dass meine Wochenenden fünf Tage dauern!)

Das ist keine Raketenwissenschaft. Ich kaufe Produkte zum Großhandelspreis und lasse sie mir von UPS liefern. Ich bringe sie am Samstagmorgen auf den Flohmarkt und stelle sie auf meinen Tischen ansprechend aus.

Wenn Kunden kommen, begrüße ich sie mit einem freundlichen "Guten Morgen!" und beginne ein Gespräch, als ob ich sie schon seit Jahren kennen würde. Vielleicht mache ich ihnen ein Kompliment über die Farbe ihrer Kleidung oder etwas Ähnliches. Jeder freut sich über Komplimente.

Sie werden sich meinen Tischen nähern, um meine Waren zu begutachten, wenn sie meine Freundlichkeit bemerken. Ich beobachte ihre Blicke so genau wie möglich, um ihr Interesse festzustellen, und beschreibe die Vorteile des Artikels - was er für sie tun kann, wie er ihr Leben einfacher oder besser machen kann usw.

Dabei geht es weniger um Marketing als vielmehr darum, hilfreich zu sein. Lächeln Sie einfach und seien Sie herzlich.

Ehe man sich versieht, nehmen sie die Artikel in die Hand, sehen sie sich genau an und entscheiden selbst, ob sie den von mir festgesetzten Preis wert sind. Das ist der Fall, und es kommt ein weiterer Verkauf zustande.

Ich halte angemessene Preise ein. Ja, ich schlage sie auf, um einen respektablen Gewinn zu erzielen, aber ich halte meine Preise unter dem Einzelhandelspreis. Die Kunden wissen, was andere Einzelhändler für ähnliche Dinge verlangen und schätzen ein gutes Geschäft.

Ich stelle auf den größten und belebtesten Flohmärkten aus, wo täglich zwischen 1.000 und 5.000 Kunden an meinem Stand vorbeikommen. Ein gewisser Prozentsatz dieser Kunden bleibt stehen und schaut sich um, und ein gewisser Prozentsatz derjenigen, die stehen bleiben und sich umschauen, kauft auch etwas.

1.000 Dollar pro Wochenende entsprechen 500 Dollar pro Tag (zweitägiges Wochenende). Ungefähr 33 % oder 165 $ der 500 $ Einnahmen werden durch Ausgaben (Raummiete und Ihre Großhandelskosten für die Artikel + Lieferung) aufgezehrt. Um täglich 500 $ zu verdienen, muss ich täglich etwa 665 $ Umsatz machen. Oft übertreffe ich das.

Um ganz offen zu sein: Ich habe nicht nur Artikel im Wert von 200 Dollar zur Verfügung. Ich habe Waren im Wert von $1.500 bis $2.000 (zu meinen Großhandelskosten). Ich habe mein Geschäft mit nur 200 Dollar begonnen, weil das alles war, was ich mir leisten konnte, und ich habe den Erlös reinvestiert, indem ich mehr Artikel gekauft und mein Geschäft ausgebaut habe. In nur wenigen Monaten habe ich an einem einzigen Tag 800 Dollar verdient.

Der Aufschlag auf meine Produkte beträgt etwa das Dreifache des Großhandelspreises. Wenn ich 1 $

für einen Artikel bezahlt habe, verkaufe ich ihn für 3 bis 4 $. Wenn ich 10 $ dafür bezahlt habe, verlange ich 30 bis 40 $ dafür. Die meisten Kunden kaufen mehrere Artikel, während sie dort sind. Ich mache leicht mehrere hundert Verkäufe pro Tag.

Deshalb. Ist das Wunschdenken? Nein.

Funktioniert es? Ja!

Können Sie es tun?

Ich glaube, Sie kennen die Antwort bereits.

In der heutigen Zeit brauchen viele Menschen einen Wochenendjob. Suchen Sie sich einen Job, der gut bezahlt wird und Ihr Wochenende nicht trist, sondern angenehm macht.

KAPITEL 7: SCHRITTE, UM SCHNELL EINEN WOCHENENDJOB ZU FINDEN.

Das Leben ist unberechenbar, und Sie können schnell einen Wochenend- oder Teilzeitjob brauchen. Hier sind sieben Schritte, die in kürzester Zeit zu einer Wochenendbeschäftigung führen.

Schritt 1: Ermitteln Sie Ihre Interessen und Stärken.

Sie können denken, aber die Stelle ist Teilzeit! Stimmt. Aber viele Teilzeitjobs sind zu Vollzeitjobs geworden, wenn sie mit dem übereinstimmen, was einen inspiriert oder was eine Stärke des Einzelnen ist.

Und warum sollten Sie Ihre Wochenenden mit etwas vergeuden, das Sie nicht mögen, wenn Sie

Alternativen haben? Machen Sie eine schnelle Bestandsaufnahme Ihrer Hobbys, Ihrer Stärken und dessen, was Sie wirklich gut können, und Sie sind auf dem besten Weg, einen tollen Job zu finden.

Schritt 2: Vorbereiten.

Zur Vorbereitung gehören ein Lebenslauf und andere Details, wie z. B. eine Mailbox, die sicherstellt, dass man Sie erreichen kann. Ihr Lebenslauf muss nicht umfangreich sein, sollte aber Ihre wichtigsten Fähigkeiten und Erfahrungen hervorheben und Menschen ansprechen, die Ihre Interessen und Fähigkeiten teilen.

Zur Vorbereitung gehört auch, dass Sie Informationen über Referenzen, frühere und derzeitige Beschäftigungsverhältnisse sowie andere Informationen, die ein potenzieller Wochenendarbeitgeber möglicherweise schnell benötigt, bereithalten.

Legen Sie außerdem im Voraus fest, welche Art von Arbeit Sie wünschen, welche Sie auf keinen Fall annehmen würden und warum, wie viele Stunden Sie bereit sind zu opfern, wie weit Sie bereit sind, für einen Wochenendjob zu fahren, und welche sonstigen Einschränkungen Sie haben. Unterscheiden Sie das Wünschenswerte von dem, was nicht verhandelbar ist, und machen Sie sich bewusst, warum Sie so starre Grenzen gesetzt haben. Schützen Sie Ihre Grenzen.

Schritt 3: Online-Antrag einreichen.

Suche nach Teilzeitarbeitsplätzen und Einreichung von Bewerbungen für alle relevanten Stellen.

Schritt 4: Face-to-Face-Bewerbung.

Nachdem Sie sich auf Online-Angebote beworben haben, sollten Sie anfangen, an die Türen zu klopfen. Das bedeutet, dass Sie durch das Einkaufszentrum gehen und jeden potenziellen Kunden fragen müssen, ob er Mitarbeiter einstellt. Ich verstehe, dass Ihnen das komisch vorkommt, aber es macht keinen Unterschied, wie Sie denken. Ich bin erstaunt, wie viele Teilzeitstellen sich aus der Frage

"Suchen Sie Wochenend- oder Teilzeitarbeit?" ergeben. Manchmal ist es so einfach.

Schritt 5: Bauen Sie Ihr Netzwerk auf.

Informieren Sie Ihr soziales Netzwerk darüber, dass Sie einen Wochenend- oder Teilzeitjob suchen und welche Art von Arbeit Sie mögen. Die meisten Stellen werden nicht ausgeschrieben, und die meisten Unternehmen ziehen es vor, schnell Personal zu finden, insbesondere für Teilzeitarbeit. Deshalb ist es umso wichtiger, dass Sie Ihr Netzwerk über Ihre Wünsche informieren. Sie werden Ihnen helfen.

Schritt 6: Konto führen.

Behalten Sie im Auge, mit wem Sie gesprochen haben, vor allem, wenn Sie erneut Kontakt aufnehmen müssen. Der Erfolg liegt in der Nachbereitung. Oft hat man nicht sofort eine freie Stelle, aber wenn man Sie bittet, sich wieder zu melden, notieren Sie sich das und tun Sie es, damit Sie sich von der Masse abheben. Führen Sie

Aufzeichnungen, damit Ihr zweites Follow-up effektiver ist.

Schritt 7: Vergrößern Sie Ihre Auswahlmöglichkeiten.

Wenn Sie noch keinen Wochenend- oder Teilzeitjob gefunden haben, können Sie sich nach Möglichkeiten der Heimarbeit umsehen. Es gibt seriöse Möglichkeiten zur Dateneingabe, zur Montage zu Hause, zum Schreiben und für andere Heimarbeit. Vermeiden Sie Berufe, die zu gut klingen oder Ihre einzigartigen Fähigkeiten und Fertigkeiten nicht nutzen.

KAPITEL 8: MEINE 50 BESTEN MÖGLICHKEITEN, AN EINEM WOCHENENDE 100 DOLLAR ONLINE ZU VERDIENEN.

Sie können an einem oder zwei Tagen am Wochenende 100 Dollar online verdienen, wenn Sie die richtigen Maßnahmen ergreifen. Hier sind 50 Möglichkeiten, dies zu erreichen und einen konstanten Strom von anderen Teilzeiteinkommen zu erzielen.

1. Erstellen Sie ein kostenloses E-Book zu einem aktuellen Thema und bieten Sie Ihren Kunden ein Premium-Angebot an. Verteilen Sie es kostenlos online.

2. Verfassen Sie eine Rezension eines beliebten Produkts oder Buchs, veröffentlichen Sie sie in Ihrem Blog oder auf Ihrer Website mit einem Affiliate-Link und verbreiten Sie Ihren Beitrag über eine große Anzahl von sozialen Netzwerken und anderen Websites.

3. Wenn Sie bereits eine E-Mail-Liste haben, können Sie eine E-Mail versenden, in der Sie oder jemand anderes für ein neues Produkt werben, als Teil einer E-Mail mit wertvollem Inhalt.

4. Schreiben Sie drei bis fünf hervorragende Artikel für examiner.com und bewerben Sie diese.

5. Veröffentlichen Sie mehrere neue Blogeinträge mit Google AdSense und verbreiten Sie sie auf Twitter, Facebook und anderen Social-Networking- und Bookmarking-Sites. Gestalten Sie sie aktuell, sachdienlich und ansprechend.

6. Erstellen Sie ein paar Videorezensionen zu beliebten Büchern oder anderen Produkten und

bewerben Sie diese mit einem Affiliate-Link auf mehreren Video-Sharing-Websites.

7. Erstellen Sie ein heißes Angebot und einen heißen Inhalt und teilen Sie dann den Inhalt mit einem Link zum heißen Angebot auf Facebook.

8. Nutzen Sie die Suchfunktion von Twitter, um Menschen ausfindig zu machen, die nach einer Lösung für ein Problem suchen, und entwerfen Sie entweder ein Produkt, das ihr Problem löst, oder bieten Sie ein Partnerprodukt an.

9. Bieten Sie ein Produkt an, das ein Problem anspricht oder ein dringendes Thema beantwortet, das die Leute in Foren und Foren stellen.

10. Besuchen Sie Facebook-Gruppen und führen Sie die gleichen Aktionen wie in den Nummern 8 und 9 durch.

11. Erstellen Sie eine kurze eBay-Auktion für ein beliebtes Produkt und verkaufen Sie es.

12. Verteilen Sie ein kostenloses Ebook, einschließlich Affiliate-Links, und fordern Sie Einzelpersonen auf, es weiterzugeben.

13. Veranstalten Sie eine Internetparty und verkaufen Sie bestimmte gefragte Dinge.

14. Verlangen Sie eine Gebühr für die Teilnahme an einem Teleseminar zu einem beliebten Thema.

15. Verlangen Sie eine Gebühr für die Teilnahme an einem Webinar zu einem heißen Thema.

16. Werben Sie auf der ganzen Welt für ein Angebot zur Produktfreigabe.

17. Erstellen Sie eine Online-Videoserie über ein aktuelles Thema. Verschenken Sie eines und verkaufen Sie die anderen.

18. Verbringe den ganzen Tag damit, bezahlte Umfragen durchzuführen.

19. Erstellen Sie eine einseitige Website mit wertvollen Informationen und fügen Sie eine PayPal-Spendenschaltfläche ein, mit der Sie Ihre Besucher bitten, einen Beitrag zu leisten, den sie für sinnvoll erachten.

20. Machen Sie ein paar bezaubernde und anspruchsvolle Fotos. Stellen Sie Ihre Bilder auf Facebook oder einer anderen beliebten Website ein und bieten Sie den Besuchern die Möglichkeit, Abzüge zu kaufen.

21. Laden Sie einige einzigartige T-Shirts, Aufkleber und andere Produkte auf Café Press hoch und vermarkten Sie Ihre Website offensiv.

22. Erstellen Sie einige hochwertige Logos und bieten Sie diese zum Kauf an.

23. Erstellen Sie eine kostenpflichtige Audio-Serie, ähnlich einem Podcast, und verkaufen Sie sie.

24. Finden Sie ein Unternehmen, das eine Videowerbung benötigt. Erstellen Sie die Werbung und stellen Sie sie im Namen des Unternehmens online.

25. Finden Sie ein Unternehmen, das eine Website benötigt, und entwickeln Sie diese für das Unternehmen.

26. Bieten Sie an, für einige Firmen Internet-Videoreferenzen zu produzieren. Stellen Sie ihnen diesen Service in Rechnung.

27. Finden Sie einen Kunden, der einen freiberuflichen Autor braucht, und verbringen Sie Ihre Zeit damit, Artikel für ihn zu schreiben.

28. Bei ausreichendem Traffic können Sie Werbeflächen auf Ihrer Website verkaufen.

29. Finden Sie eine Website, die Werbung verkaufen muss, und verlangen Sie eine Umsatzbeteiligung. Nehmen Sie dann Kontakt zu

potenziellen Käufern auf und schlagen Sie den Verkauf der Werbung vor.

30. Finden Sie einige Unternehmen, die bereit sind, Sie dafür zu bezahlen, dass Sie ihre Produkte in Ihrem Blog rezensieren.

31. Bieten Sie an, für jemanden Blogbeiträge zu schreiben, wenn Sie dafür eine Vergütung erhalten.

32. Finden Sie die meistverkauften Bücher auf Amazon und machen Sie Text- und Videowerbung mit Ihrem Partnerlink.

33. Bieten Sie an, als Gast in einem Teleseminar zu sprechen und bezahlen Sie für Ihr Fachwissen.

34. Bieten Sie an, in einer Live-Fernsehsendung über ein Thema zu sprechen, in dem Sie über Fachwissen verfügen, und lassen Sie sich dafür bezahlen.

35. Planen Sie eine Live-Veranstaltung zu einem aktuellen Thema und verkaufen Sie Tickets online.

36. Fassen Sie einige Ihrer besten Inhalte zu einem Informationsprodukt zusammen, verkaufen Sie es zu einem lächerlich niedrigen Preis und bewerben Sie es aggressiv.

37. Bieten Sie an, köstliche, einfach zuzubereitende Mahlzeiten für Leute zuzubereiten, werben Sie dann online in Ihrer Region dafür und liefern Sie sie aus.

38. Veranstalten Sie für ein paar Stunden ein Gewinnspiel, bei dem man hochwertige, beliebte Waren gewinnen kann, und bieten Sie denjenigen, die nicht gewonnen haben, einen erheblichen Preisnachlass auf das Produkt an.

39. Bieten Sie an, Gruß- oder Postkarten für ein kleines Unternehmen oder eine Person, die viele Karten oder Postkarten verschicken muss, zu schreiben und zu versenden.

40. Werben Sie damit, dass Sie für einige wenige Personen lokale Kurierdienste übernehmen können.

41. Finden Sie mehrere Themen, über die Sie auf Associated Content schreiben können, und verfassen Sie die entsprechenden Artikel.

42. Bieten Sie Ihre Dienste als virtueller Wochenend-Assistent für eine Firma an, die nur wenig Internetarbeit benötigt.

43. Werben Sie damit, dass Sie am Wochenende von zu Hause aus für einen oder zwei Kunden Schreibarbeiten erledigen können.

44. Besuchen Sie upwork.com und suchen Sie nach Aufträgen, auf die Sie erfolgreich bieten und die Sie erledigen können.

45. Wenn Sie eine Fremdsprache sprechen, können Sie online jemanden finden, der Übersetzungsarbeit braucht.

46. Fotografieren Sie einige liebenswerte Tiere und verkaufen Sie die Bilder mit der Erlaubnis der Besitzer online.

47. Erstellen und verkaufen Sie originelles PLR-Material.

48. Erstellen Sie Geschenkkörbe und verkaufen Sie diese zusammen mit Ihren anderen Produkten oder als Wochenendangebot.

49. Finden Sie ein Unternehmen, das Hilfe bei der Einrichtung seiner Social-Networking-Seiten benötigt, und tun Sie es für sie.

50. Verlangen Sie Geld für die Teilnahme an einem virtuellen Vortrag oder einer Konferenz, die auf eine bestimmte Nische ausgerichtet ist.

SCHLUSSFOLGERUNG.

Heute ist jeder auf der Suche nach zusätzlichem Geld. Wenn Sie in der Schule sind oder in einem Büro arbeiten, haben Sie nur an den Wochenenden Zeit, zusätzliches Geld zu verdienen. Werden Sie an den Wochenenden Unternehmer und verdienen Sie anderes Geld.

Es gibt viele Möglichkeiten, an den Wochenenden Geld zu verdienen, wenn Sie einfallsreich genug sind. Es gibt verschiedene Wochenendbeschäftigungsmöglichkeiten für diejenigen, die an den Wochenenden zusätzliches Geld verdienen möchten.

Wenn Sie einen Computer und einen Internetanschluss haben, können Sie zunächst von zu Hause aus arbeiten und Geld verdienen. Das Internet ist einer der größten Marktplätze der Welt. Wenn man die Ressourcen des Internets nutzt, kann man unbegrenzt viel Geld verdienen.

Bevor Sie beginnen, müssen Sie umfangreiche Recherchen anstellen, um Ihr Interessengebiet und den Bereich zu bestimmen, der am besten zu Ihrer verfügbaren Zeit und Ihrem Arbeitsplan passt.

Sie können dies sogar zweimal pro Woche tun, um zusätzliches Geld zu verdienen. Viele Zeitschriften und Zeitungen suchen ständig nach Wochenendzustellern. Die Zustellung von Zeitungen könnte eine weitere Option sein, die Sie in Betracht ziehen sollten. In Ihrer Lokalzeitung können Sie relevante Informationen finden.

Wenn Sie eine Leidenschaft für Gartenarbeit haben, könnten Sie auch als Landschaftsgärtner am Wochenende arbeiten. Pflanzen Sie Bäume, mähen Sie Rasenflächen und genießen Sie Ihr Hobby, während Sie gleichzeitig Geld verdienen. Sicherlich suchen Ihre Nachbarn jemanden wie Sie.

Sie brauchen Motivation, Initiative und Eifer, um ein erfolgreicher Unternehmer zu sein. Die Dollars sind eine natürliche Folge. Werden Sie an den

Wochenenden Unternehmer und verdienen Sie anderes Geld.

Versuchen Sie, was ich getan habe, wenn Sie sofort oder innerhalb einer Stunde Geld brauchen. Ich verdiene heute mehr Geld als in meinem früheren Geschäft, und Sie können das auch, wenn Sie auf den Link unten klicken und die unglaubliche wahre Geschichte lesen. Ich war nur zehn Sekunden nach meinem Beitritt misstrauisch, bevor ich wusste, was das ist. Sie werden auch von einem Ohr zum anderen strahlen, so wie ich es tat.

Wie Sie sehen, gibt es viele Möglichkeiten für Mütter, sich durch einfache Wochenendarbeit einen angemessenen Lebensunterhalt zu verdienen. Die meisten Menschen wissen nicht, dass ein Wochenendgeschäft so ausgebaut werden kann, dass man nie wieder einen 9-to-5-Job braucht. Wenn Sie noch unsicher sind, was diese Art des Geldverdienens angeht, sollten Sie wissen, dass es viele andere Möglichkeiten gibt.

Zunächst müssen Sie alles richtig einrichten. Dazu gehört, dass Sie Ihr Heimbüro mit der notwendigen Ausrüstung ausstatten, einschließlich eines Computers und bequemer Stühle für das Heimbüro. Sie müssen wissen, dass Sie online Geld verdienen können.

Management-Fähigkeiten für Führungskräfte.

1. Zeitmanagement für Manager
2. Mitarbeiter-Coaching für Manager
3. Teambildung für Manager
4. Selbstvertrauen für Manager
5. Verhandlungsgeschick für Manager
6. Kundenservice-Fähigkeiten für Manager
7. Durchsetzungsvermögen für Manager
8. Business-Knigge für Manager
9. Zuhörfähigkeiten für Manager
10. Führungsqualitäten für Manager
11. Kommunikationsfähigkeiten für Manager
12. Präsentationsfähigkeiten für Manager
13. Stressmanagement für Manager
14. Entscheidungsfindung für Manager
15. Konfliktmanagement für Manager.

Serie: Finanzielle Freiheit in jedem Alter.

- Finanzielle Freiheit in den 20ern erreichen
- Finanzielle Freiheit in den 30er Jahren
- Finanzielle Freiheit in den 40ern erreichen
- Finanzielle Freiheit in den 50ern erreichen
- Erreichen der finanziellen Freiheit in den 60ern
- Finanzielle Freiheit in den 70ern und darüber hinaus.
- Finanzielle Freiheit bei Kindern erreichen
- Finanzielle Freiheit bei Teenagern erreichen
- Finanzielle Freiheit bei Studenten erreichen.
- Finanzielle Betrügereien, vor denen man sich im Ruhestand in Acht nehmen sollte.

Serie: Persönliche Finanzen für Sie.
- ➢ Kauf und Verkauf von Kryptowährungen für Anfänger
- ➢ Warum es Sinn macht, in Dividendenaktien zu investieren.

Serie: Reichtum 2022.

- ➢ Online-Unternehmertum.
- ➢ Ihr eigenes Unternehmen gründen
- ➢ Vermögensverwaltung
- ➢ Passives Einkommen.
- ➢ 12 Schritte zur Gründung Ihres eigenen Unternehmens.

Serie: Ausgezeichneter Kundenservice.
- ➢ Exzellenter Kundenservice im Einzelhandel
- ➢ Exzellenter Kundenservice im Fast-Food-Bereich
- ➢ Exzellenter Kundenservice im Full-Service-Restaurant
- ➢ Exzellenter Kundenservice in der Lehre.
- ➢ Exzellenter Kundenservice in der Immobilienbranche
- ➢ Exzellenter Kundenservice in einem Call Center

- ➢ Exzellenter Kundenservice als Rezeptionist
- ➢ Exzellenter Kundenservice in einem Hotel
- ➢ Exzellenter Kundenservice im Verkauf
- ➢ Exzellenter Kundenservice in jeder Situation.
- ➢ Exzellenter Kundenservice in der Zahnarztpraxis
- ➢ Exzellenter Kundenservice in der Arztpraxis.

Serie: Schnelles Geld.

- ➢ Schnelles Geld in einer Woche
- ➢ Schnelles Geld an einem Wochenende
- ➢ Schnelles Geld in einem Monat
- ➢ Schnelles Geld für Studenten.

Serie: Wie man Werbung macht.

- ➢ Wie Sie Ihr Geschäft während einer Rezession zum Blühen bringen
- ➢ Wie Sie Ihr Rezeptbuch vermarkten
- ➢ Wie Sie für Ihr Kinderbuch werben.

Autor Bio

D.K. Hawkins. D.K. liest gerne persönliche Geschäftsbücher und verbringt Zeit in der Natur. Es werden noch mehr Bücher in dieser Sammlung erscheinen, also folgen Sie bitte auf Amazon für weitere Bücher.

Vielen Dank, dass Sie dieses Buch gekauft haben.

Ich weiß es wirklich zu schätzen und schätze Sie, meinen hervorragenden Kunden.

Gott segne Sie.

D.K. Hawkins.

www.ingramcontent.com/pod-product-compliance
Lightning Source LLC
Chambersburg PA
CBHW050009230526
45465CB00003BB/1330